Barbara Herrmann

Bibliografische Information der Deutschen Nationalbibliothek: Die Deutsche Nationalbibliothek verzeichnet diese Publikation in der Deutschen Nationalbibliografie; detaillierte bibliografische Daten sind im Internet über dnb.d-nb.de abrufbar.

TWENTYSIX – Der Self-Publishing-Verlag
Eine Kooperation zwischen der Verlagsgruppe Random House und Books on Demand

© 2017 Barbara Herrmann
Kontakt über: Magazin friedericke, Motzstr. 86, 10779 Berlin,
redaktion@friedericke-design.de

Herstellung und Verlag: BoD – Books on Demand, Norderstedt
ISBN: 9783740734503

Coverfoto: © Moriz/ Shutterstock.com
Figuren © lineartimages/Fotolia.com
        © robodread/Fotolia.com
Textredaktion und Gestaltung Friedericke - Magazin

Alle Rechte, einschließlich die des auszugsweisen Nachdrucks in jeglicher Form und der Übersetzung, sind vorbehalten. Das Werk darf – auch teilweise – nur mit Genehmigung der Autorin wiedergegeben werden.

Barbara Herrmann

Badisch g'schwätzt & g'lacht

Das etwas andere Wörterbuch

Die Autorin

Barbara Herrmann ist in Karlsruhe geboren und in Kraichtal-Oberöwisheim aufgewachsen. Ihre Liebe zu Büchern und zum Schreiben begleitete sie während ihres ganzen Berufslebens als Kauffrau. Nach ihrem Eintritt in den Ruhestand sind mehrere Bücher (Romane, Reiseberichte und ein Kinderbuch von ihr erschienen. Heute lebt die Mutter zweier Söhne mit ihrer Familie in Berlin.

Liebe Leserin, lieber Leser,

unsere Mundart in Baden hat ihre Wurzeln nicht ausschließlich in der Region. Die Einflüsse kommen auch aus der Kurpfalz, aus dem Frankenland sowie dem alemannischen Sprachraum. Man kann es kaum glauben, doch an der einen oder anderen Stelle hat sogar das Schwäbische seine Spuren in der badischen Mundart hinterlassen - und dies, obwohl die Badener und die Schwaben sich nicht ganz so sehr mögen.
Die badische Mundart an sich ist nur ein Oberbegriff für die verschiedenen Sprachvarianten, die in Baden benutzt werden. Bereits von einem Dorf zum anderen können wir völlig verschiedene Ausdruckweisen und unterschiedliche Wortbedeutungen vorfinden.
Dieses Buch habe ich aus meinem eigenen Sprachgebrauch erstellt. Ich bin nahe Bruchsal geboren, habe aber auch lange Jahre in Karlsruhe gelebt. Doch selbst auf diesem relativ kleinen Raum gibt es in der Mundart teilweise erhebliche regionale Unterschiede. Daher erhebt dieses Buch keinen Anspruch auf die Darstellung „der einzig wahren" badischen Mundart, ebenso wenig auf Vollständigkeit des Wortschatzes.
Beim Schreiben dieses Buches habe ich gemerkt, welche Freude es macht, in der alten badischen Mundart unterwegs zu sein und sich schräg zu lachen über längst vergessene knackige Aussprüche, die wunderbaren Humor zum Vorschein bringen und vieles an eigenem Erlebtem wachhalten, das man längst vergessen glaubte. Das eine oder andere mundartliche Wort hatte ich mittlerweile sowohl vom Klang auch als von der Schreibweise bereits gar nicht mehr in meinem aktiven Wortschatz, weil in meinem Umfeld die Mundart kaum mehr gesprochen wird und ich auch zwischen Baden und Berlin hin und her wandere.

Trotz aller regionalen Unterschiede haben wir Badener in unserer Mundart ein paar Eigenarten, die man kennen sollte: Tendenziell sprechen wir lieber weiche Konsonanten wie B, D und G statt der harten Laute P, T und K. Auch versuchen wir, die Umlaute Ä, Ö und Ü soweit wie möglich zu vermeiden. Verben mit der Endung „-en" lassen wir einfach auf „-e" enden wie z.B. *helfe* oder *singe*. Nach dem Motto „doppelt hält besser" wiederholen wir gerne in einem Adjektiv die Bedeutung des Nomens, z.B. in *bleeder Depp*. Auch mögen wir Umschreibungen mit *tun* (*morge due Kuche bagge*) und Relativsätze mit dem Pronomen *wo* (*der Mann, wo do rennd*).

Dieses Wörterbuch ist eine Kombination zwischen einer ausführlichen Wortliste und einem Comic. Dabei ist es aber keine Comic-Geschichte, die sich fortschreibt. Vielmehr sollen einige Protagonisten mit ihren erklärenden Dialogen in den Sprechblasen, die einzelnen und teilweise schwer verständlichen Wörter erklären. Auf diese Weise vermittelt sich auf unterhaltsame Art auch dem Nicht-Badener, wann und wie diese Wortauswahl genutzt wird und vor allen Dingen spiegelt sich der stark ausgeprägte und schlagfertige Humor wieder, der manchmal für ungeübte böse klingt, obwohl er tatsächlich liebevoll und humoristisch gemeint ist. Über jeder Zeichnung habe ich eine kurze Situationsbeschreibung eingefügt. Mit von der Partie in den Comic-Dialogen sind die badischen Herren **Ludwig, Heiner, Franz und Erich**, die neben den Frauen **Elsbeth, Lotte, Gertrud und Traudel**, sowie den Kindern **Liesel und Walter** hilfreich zur Seite stehen.

In den Comic-Dialogen beschreibe ich Alltagssituationen, die im Dialekt von den Figuren vorgetragen, ausgesprochen, beantwortet oder kommentiert werden. In der darunterstehenden Übersetzung ins Hochdeutsche finden Sie die jeweile Bedeutung.

Ich wünsche Ihnen viel Freude mit diesem Buch, das ganz sicher nicht nur ein Nachschlagewerk ist, sondern sich vorzüglich eignet die Lachmuskeln zu trainieren, die Mundart zu pflegen, oder die badische Kultur zu erfühlen. Die Badener mögen die umgangssprachliche Darstellung der Alltagssituationen mit Leichtigkeit nehmen und auch nicht auf Vollständigkeit prüfen. Nicht-Badenern wünsche ich viel Spaß beim Studieren des trockenen badischen Humors.

Ihre Barbara Herrmann

aa, *auch*
Aadengge, *Andenken*
Aafang, *Anfang*
aafange, *anfangen, beginnen*
aagreizle, *ankreuzen*

aagugge, *anschauen*
aahenglich, *treu*
Aai, *Ei*
Aaideggs, *Eidechse*
aaifach, *einfach*

- Ludwig versuchte den Sonntagsbraten aufzuschneiden.

„Das kann man ja nicht mehr mitansehen."
„Dann schneide dein Fleisch doch selbst auf."

aainer, *einer*
aai Mol, *einmal*
aangle, *angeln*
aarufe, *anrufen*
aaschdennich, *anständig*

aaschmiere, *täuschen*
Aaschrifd, *Anschrift*
aaschugge, *anstoßen*
aaziege, *anziehen*
Aaziehsache, *Bekleidung*

- Walterchen verabschiedet sich, weil er zu einem Freund geht:

„Sei anständig bei denen zu Hause."
„Was du immer denkst. Ich bin doch brav."

abbasse, *auflauern*
Abbedidd, *Appetit*
Abbord, *Toilette*
Abborddeggel, *Toilettendeckel*
abbschdelle, *abbestellen*

abbudse, *abwischen*
Abdaail, *Abteil*
abdabbe, *abschreiten*
abdampfe, *abreisen*
abdange, *abdanken*

- **Liesel quengelt, weil sie ganz dringend auf die Toilette muss.**

„Mutti, ich muss auf die Toilette."
„Pinkel aber nicht daneben."

abdrigge, *abdrücken*
abfroge, *abfragen*
abfuggere, *abschwatzen*
abgeblogd, *abgemüht*
abgebrennd, *abgebrannt*

abgewwe, *abgeben*
abgezwagd, *zur Seite gelegt*
abgfärbd, *abgefärbt*
abglabbere, *abklappern*
abglese, *abgelesen*

- **Heiner meckert. Seine Frau hat ein Kleid gekauft.**

„Das Kleid habe ich eben gebraucht."
"Jetzt habe ich mir mühselig etwas Geld zur Seite gelegt."

abgmachd, *abgemacht*
abgmeld, *abgemeldet*
abgnabbere, *abknabbern*
abgnähd, *abgenäht*
abgnaweld, *abgenabelt*

abgnuddeld, *abgenutzt*
abgnumme, *abgenommen*
abgnutzt, *abgenutzt*
abgradze, *abkratzen*
abgrisse, *abgerissen*

- Liesel hatte sich von Walter den Ball ausgeborgt.

„Den Ball hast du aber schön abgenutzt."
„Nein, das habe ich nicht, du Lügner!"

abgrufe, *abgerufen*
abgschaffd, *müde*
abgschdanne, *abgestanden*
abgschdorbe, *abgestorben*
abgschdrofd, *abgestraft*

abgschleggd, *abgeleckt*
abgschriwwe, *abgeschrieben*
abgwetzt, *abgenutzt, abgegriffen*
abghowe, *abgehoben*
abhagge, *abhacken*

- Lotte möchte Ludwig vom Kauf einer neuen Tasche überzeugen.

„Meine Handtasche ist schon ganz schön abgegriffen."
„Deshalb brauchst du aber noch keine neue Tasche."

abhaile, *abheilen*
abhedze, *abhetzen*
abhelfe, *abhelfen*
abhenge, *abhängen*
abhere, *abhören*

abholle, *abholen*
abholze, *abholzen*
abhorche, *abhorchen*
abkafe, *abkaufen*
abkauge, *abgehauen*

- **Elsbeth lästert über eine andere Frau.**

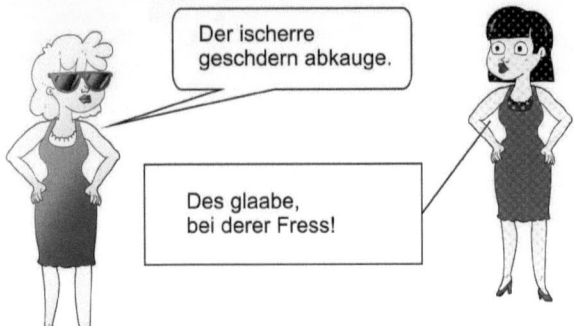

„Der Mann ist ihr gestern abgehauen."
„Das glaube ich, bei dem Gesicht!"

abkolfe, *abgeholfen*
abkowe, *abgehoben*
abkupfere, *abschreiben*
ablade, *abladen*
ablafe, *ablaufen*

abliffere, *abliefern*
ablugse, *wegnehmen*
abmurgse, *umbringen*
Abodeeg, *Apotheke*
abraaiffle, *schlagen*

- **Walterchen wurde von Liesel ausgelacht.**

„Die werde ich verdreschen, die hat mich ausgelacht."
„Lass es sein, die humpelt sowieso schon."

abroode, *abraten*
absaaife, *fertig machen*
absaile, *abseilen*
abschaffe, *abarbeiten*
abschdabe, *etwas günstig ergattern*

abschdeige, *absteigen*
abschdemble, *abstempeln*
abschdoddere, *abbezahlen*
abschwätze, *abschwatzen*
abspiele, *abspülen*

- Elsbeth zeigt Heiner ihre Einkäufe.

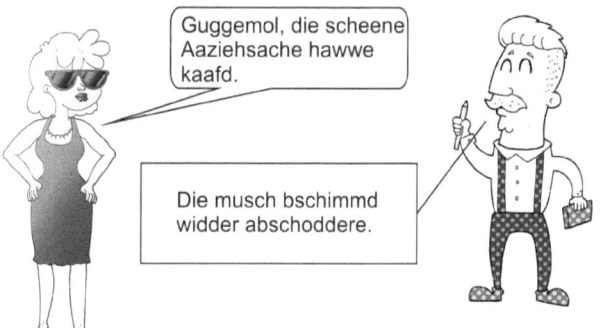

„Schau mal, die schönen Kleider habe ich gekauft."
„Die musst du bestimmt wieder abbezahlen."

abwade, *abwarten*
abwesche, *abwaschen*
abwiddsche, *abhauen*
abzabbfd, *abgezapft*
abzoddle, *enttäuscht weglaufen*

achde, *acht*
Achderbo, *Achterbahn*
achdsich, *achtzig*
achdsichmol, *achtzigmal*
achtgewwe, *achtgeben*

- Lotte will ihrem Sohn das Gesicht abwaschen.

„Komm her, dein Gesicht abwaschen."
„Das habe ich gewusst, ich kann's kaum abwarten."

Adda!, *Auf Wiedersehen!*
Addee!, *Tschüss!*
Affehr, *Affäre*
Affeschaugl, *kleines Auto*
Affeteader, *Aufsehen, Wichtigkeit*

Äffle, *Äffchen*
Agger, *Acker*
Aggs, *Achse*
Aggsl, *Schulter*
ahbreune, *anbräunen*

- **Erich zeigt Franz sein neues Auto.**

„Da hast du dir aber ein kleines Auto gekauft."
„Besser als zu Fuß gehen."

ahbumbe, *anstoßen*
ahnemme, *vermuten*
Aktezaiche, *Aktenzeichen*
ald, *alt*
aldbagge, *altmodisch*

alddeidsch, *altdeutsch*
Alde, *Alte*
Aldedail, *Altenteil*
aldeigsesse, *alteingesessen*
Alderle, *Mensch (Ausruf)*

- **Traudel will in die Stadt.**

„Gehen wir in die Altstadt?"
„Mensch, du hast aber Wünsche."

Aldershoim, *Altersheim*
aldgscheid, *altklug*
Aldschdadd, *Altstadt*
alla, *also*
alle Dag, *jeden Tag*

allenaslang, *immer wieder*
allerseids, *allseits*
alleweil, *immer*
Amais, *Ameise*
Ambl, *Ampel*

- **Walterchen fällt immer hin.**

„Du fällst immer wieder hin."
„Weil du mir so blöde Schuhe kaufst."

Amd, *Amt*
Andigwidede, *Antiquitäten*
anenannergrode, *zusammenprallen*
angle, *angeln*
annerdhalb, *anderthalb*

annere, *anderer*
annerschder, *anders*
annerschdrum, *andersherum*
Apflkuche, *Apfelkuchen*
arg schee, *sehr schön*

- **Heiner sieht wie Ludwig die Schraube falsch reindreht.**

„Die Schraube musst du andersherum drehen."
„Na, wenn du das sagst."

Armbendele, *Armbändchen*
arschgladd, *sehr glatt*
Arschloch, *Schimpfwort*
arschvoll, *sehr voll*
Aschd, *Ast*

asoh, *ach so*
ätschebetsche, *ätsch*
Audoschliessel, *Autoschlüssel*
Auge, *Augen (Plural)*
Augedeggl, *Augenlid*

- **Liesel zeigt Elsbeth ihr Armband.**

„Das Armbändchen ist aber sehr schön."
„Ja, das habe ich selbst gemacht."

ausbiegle, *ausbügeln*
Auschdralie, *Australien*
ausdiffdle, *ausdenken*
ausem, *aus dem*
ausglaadschd, *ausgetreten*

ausglamiesere, *aushecken*
ausgwanderd, *ausgewandert*
ausrechle, *ausrechnen*
ausschbanne, *ausspannen*
ausschdafiere, *ausstatten*

- **Lotte will von Heiner wissen, wann sie in Urlaub fahren.**

„Wann fahren wir denn in die Ferien?"
„Na, wollen wir schon wieder ausspannen?"

Ausschdecherle, *Ausstechform*
ausschnaufe, *ausatmen*
auswelle, *ausrollen*
auswerds, *auswärts*
Awald, *Anwalt*

awwah, *sag bloß, ach was*
awwer, *aber*
Azug, *Anzug*
Baach, *Bach*
Baaum, *Baum*

- Lotte bittet ihre Freundin den Teig auszurollen.

„Kannst du mir den Teig ausrollen?"
„Warte, ich suche gerade meine Ausstechformen."

Babbe, *Papa*
Babbedeggl, *ein Stück Pappe*
Babbedeggl, *Führerschein*
babbela, *leer*
babbich, *klebrig*

babble, *reden, schwätzen*
Babbler, *Schwätzer*
Babblwasser, *Schnaps*
Badderie, *Batterie*
Baddsch, *Händedruck*

- Traudel erzählt Franz vom Führerscheinenzug des Nachbarn.

„Dem haben sie seinen Führerschein weggenommen."
„Kein Wunder, der ist ja immer betrunken."

baddschnass, *durchnässt*
Badhos, *Badehose*
Badozug, *Badeanzug*
Badwann, *Badewanne*
Bagaasch, *Menschen (abwertend)*

bagge, *backen*
Bagge, *Wange*
Baggschdoikäs, *Romadur-Käse*
Baggschdub, *Backstube*
Baiz, *Kneipe*

- **Gertrud möchte die Backstube von Erich sehen.**

„Zeige mir doch mal deine Backstube."
„Nein, du hast schmutzige Hände."

ball, *bald*
Balle, *Ball*
Bammel, *Angst*
bammle, *bammeln*
barfießig, *barfuß*

bariere, *gehorchen*
bariersch, *gehorchst*
baschdle, *basteln*
Bass uff!, *Achtung!*
bass uff, *pass auf*

- **Ludwig möchte nicht, dass Walterchen barfuß läuft.**

„Lauf nicht barfuß herum."
„Weshalb? Hier sind keine Scherben."

bassend, *passend*
bassierd, *geschehen*
Baugleddsle, *Bauklötzchen*
Baure, *Bauern*
Beamde, *Beamter, Beamte*

Bebb, *Klebstoff*
bebbe, *kleben*
Bebbelen, *Kügelchen*
bebbich, *klebrig*
Bedd, *Bett*

- Lotte hat ein neues Bett gekauft

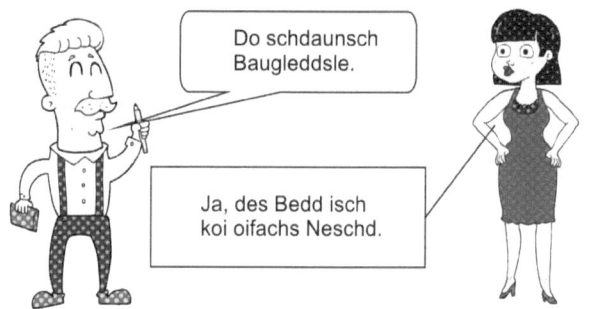

„Da staunst du aber nicht schlecht."
„Ja, das Bett ist kein einfaches Gestell."

Bedddebbich, *Wolldecke*
Beddegg, *Bettdecke*
Beddflasch, *Bettflasche*
Beddlaad, *Bettgestell*
beddle, *betteln*

Beddler, *Bettler*
Beddsaaicher, *Bettnässer*
Beddvorleger, *Bettvorleger*
Beddzipfel, *Ecke des Bettlakens*
bedebberd, *zerknirscht*

- Walterchen möchte nicht ohne Schnuller ins Bett.

„Ohne meinen Schnuller kann ich nicht einschlafen."
„Nimm die Ecken vom Bettlaken, die tun es auch."

beduchd, *wohlhabend*
beede, *beten*
Beereobschd, *Beerenobst*
bees, *böse*
Beeses, *Böses*

beffdse, *meckern*
Begge, *Schwimmbecken*
Beidl, *Beutel*
Beidlsubb, *Beutelsuppe*
beigsedsd, *beerdigt*

- **Elsbeth ermahnt Liesel im Schwimmbad.**

„Setz dich nicht so nah ans Schwimmbecken."
„Hör auf zu reden, ich tue ja nichts Böses."

beinanner, *beieinander*
belaaidigd, *beleidigt*
belemmerd, *verrückt*
beliffere, *beliefern*
belsich, *pelzig*

Bendl, *Band*
beneide, *beneiden*
benemme, *benehmen*
benewweld, *benebelt*
benochrichdige, *benachrichtigen*

- **Franz hat ein paar Schnäpse zuviel getrunken.**

„Du kannst dich einfach nicht benehmen."
„Ich bin ganz benebelt von dem Schnaps."

Berches, *Mohnbrötchen*
Berdsel, *Hintern*
Beredreck, *Lakritze*
Bergboh, *Bergbahn*
Bergbreddichd, *Bergpredigt*

Bergfiehrer, *Bergführer*
Berggrischdall, *Bergkristall*
Bergwerg, *Bergwerk*
beriesle, *berieseln*
berschde, *bürsten*

- Lotte neidet Elsbeth ihre Figur.

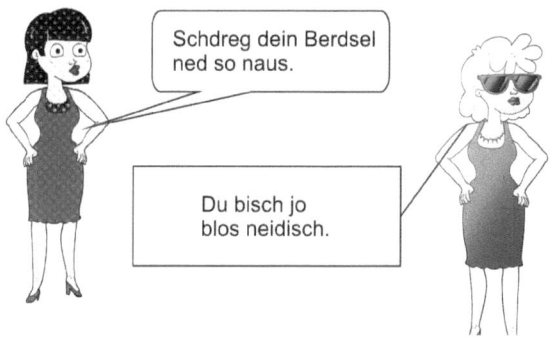

„Strecke deinen Hintern nicht so raus."
„Du bist ja nur neidisch."

Berufskranggerd, *Berufskrankheit*
beruige, *beruhigen*
Beschd, *das Beste*
beschde, *beste*
beschreiwe, *beschreiben*

Bese, *Besen*
Bflaschder, *Pflaster*
bfubfere, *ärgern*
Bibbele, *Küken*
Bibbeleskäs, *angemachter Quark*

- Heiner fragt was heute auf dem Speiseplan steht.

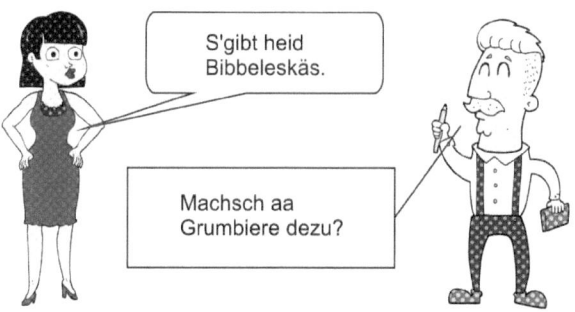

„Heute gibt es angemachten Quark."
„Machst du auch Kartoffeln dazu?"

bibbere, *zittern*
Bicher, *Bücher*
Bickel, *Harke*
biddschee, *bitteschön*
bidsle, *kitzeln*

biegle, *bügeln*
Biehnestogg, *Bienenstock*
Biere, *Birne*
Biereboom, *Birnenbaum*
Biereschnidds, *Birnenspalten*

- **Erich lobt das Mittagessen.**

„Die Birnenspalten haben mir geschmeckt."
„Was willst du denn auch anderes sagen."

bierschde, *bürsten*
Biesterhalder, *Büstenhalter*
Biffdegg, *Beefsteak*
Biffee, *Wohnzimmerschrank*
biffle, *büffeln*

Biggele, *Hügel*
Biggs, *Büchse*
Biggsemacher, *Vater von Töchtern*
bimmle, *klingeln*
binn, *bin*

- **Elsbeth zeigt Heiner ihren neuen Büstenhalter.**

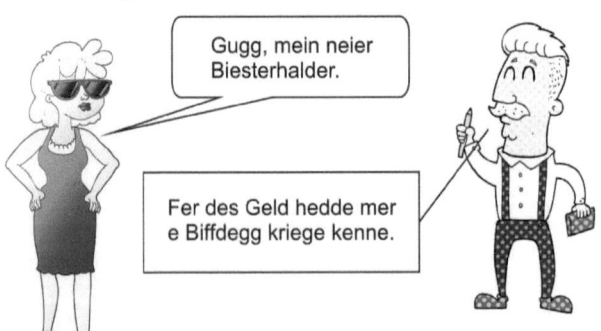

„Schau, mein neuer Büstenhalter."
„Für das Geld hätten wir ein Beefsteak bekommen können."

binne, *bin ich*
Binse, *Binsen*
Birgermoischder, *Bürgermeister*
Birro, *Büro*
Birschle, *Bursche*

bisch, *bist*
Bischdro, *Gaststätte*
bisse's, *bis sie*
bissle, *ein wenig, bisschen*
Biwel, *Bibel*

- Ludwig erzählt vom neuen Büro des Bürgermeisters.

„Der Bürgermeister hat ein neues Büro."
„Das hat ihm gerade noch gefehlt."

Bladd, *Platte*
Bladde, *Plattfuß*
Bladds, *Platz*
bladdsche, *platschen*
Bladzrege, *Platzregen*

blaffe, *anmachen*
Blaffo, *Zimmerdecke*
Blagadschdender, *Plakatständer*
blaich, *blass*
Blamaasch, *Schande*

- Walterchen hat einen Plattfuß am Fahrrad.

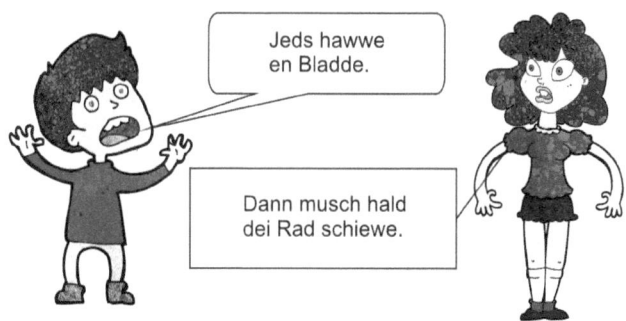

„Jetzt habe ich einen Plattfuß."
„Dann musst du eben dein Rad schieben."

Blaschdiggugg, *Plastiktüte*
Blech, *dummes Gerede*
bleche, *bezahlen*
bleddere, *blättern*
bleddle, *fließen*

bleed, *dumm*
Bleedsinn, *Blödsinn*
Blei, *Bleistift*
bleibsch, *bleibst*
Bleispitzer, *Bleistiftspitzer*

- **Elsbeth fragt sich, warum der Nachbar die Wäsche in Tüten legt.**

„Der Nachbar bewahrt seine Hose in der Plastiktüte auf."
„Hat der keinen Schrank?"

blemblem, *verrückt*
blerre, *weinen*
blersch'n (was), *was weinst du*
blessierd, *arrogant*
Blidds, *Blitz*

bliddse, *blitzen*
bliddssauwer, *sehr sauber*
Bliede, *Blüten*
bliedeweiß, *blütenweiß*
bliehe, *blühen*

- **Am Tag zuvor ist in der Nähe von Franz der Blitz eingeschlagen.**

„Gestern hat mich beinahe der Blitz getroffen."
„Na, da wäre nicht viel kaputt gewesen."

Blindgenger, *unzuverläss. Mensch*
Blindschlaich, *kurzsichtiger Mensch*
blo, *blau*
bloddse, *fallen*
blooge, *plagen*

Blos, *Gruppe, Freunde, Sippe*
blude, *bluten*
bluded, *blutet*
Bludflegg, *Blutfleck*
Blum, *Blume*

- **Traudel sieht wie Erich die Augen zukneift.**

„Du bist vielleicht kurzsichtig."
„Es ist besser, ich sehe nicht alles."

Blumebeed, *Blumenbeet*
Blumelade, *Blumenladen*
Blumsklo, *Außentoilette*
Blus, *Bluse*
Bobbele, *Baby*

Bobbo, *Hintern*
bockich, *stur*
Bocksbeidl, *Wein aus Baden*
Bode, *Boden*
Bodschamber, *Nachttopf*

- **Elsbeth öffnet eine Flasche Wein.**

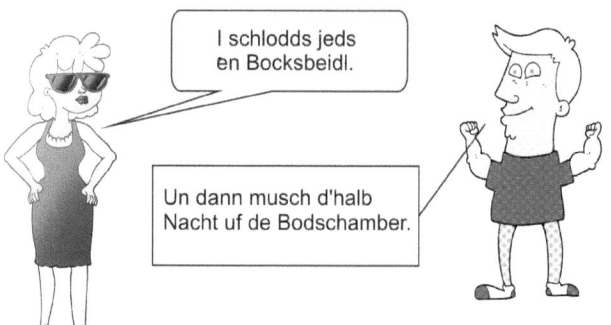

„Ich trinke jetzt einen Bocksbeutel." (= badischer Wein)
„Und dann musst du die halbe Nacht auf den Nachttopf."

bogglhard, *steinhart*
Boggshorn, *einschüchtern*
Boggworschd, *Bockwurst*
Bohhof, *Bahnhof*
boldse, *kicken*

Bolizischd, *Polizist*
Bolle, *Kugel*
bollere, *poltern*
bollich, *dick*
Bolliddig, *Politik*

- **Ludwig sieht, dass der Politiker seine Wurst umsonst bekommt.**

„Na, die Politiker bekommen doch andauernd eine Bockwurst geschenkt.
„Die Politik ist ein Saugeschäft."

Bolliddiger, *Politiker*
Borzelbaaum, *Purzelbaum*
brabble, *brummeln*
braidd, *breit*
braiddrede, *breittreten*

Brand, *Durst*
Brasilie, *Brasilien*
brauche, *brauchen*
brauchsch, *brauchst*
breche, *übergeben*

- **Gertrud steht neben einer Frau die leise ein Selbstgespräch führt.**

„Was brummeln Sie denn in Ihren Bart hinein?"
„Das geht Sie einen feuchten Dreck an."

Bredde, *Bretten (Stadt)*
Bredderbode, *Bretterboden*
Bredullje, *Verlegenheit*
Breedlen, *Kekse*
Breggele, *kleine Brocken*

bressand, *dringend*
bressiere, *drängeln*
Briederle, *Brüderlein*
Briefdreger, *Briefträger*
Briefmabb, *Brieftasche*

- Walterchen erzählt Liesel, dass er eine Zugfahrt macht.

„Wir fahren heute nach Bretten."
„Dann beeile dich, dass du noch den Zug bekommst."

Briefmarg, *Briefmarke*
Brigg, *Brücke*
Brih, *Brühe*
Brihhidds, *Gluthitze*
brihwarm, *brühwarm, sofort*

Brill, *Brille*
brille, *brüllen*
bringe, *bringen*
brobbfevoll, *übervoll*
Brod, *Brot*

- Erich stellt fest, dass es draußen viel zu heiß ist.

„In dieser Gluthitze jagt man keinen Hund auf die Straße."
„Aber du musst draußen herumlaufen!"

Brodkardoffl, *Bratkartoffeln*
Brodkerwle, *Brotkörbchen*
Brodworschd, *Bratwurst*
Brogge, *Brocken*
broggle, *in Brocken teilen*

Broode, *Braten*
Brosaame, *Brotkrümel*
Broschd, *Prosit*
bruddle, *schimpfen*
Bruddler, *Nörgler*

- **Lotte steht vor dem Backofen.**

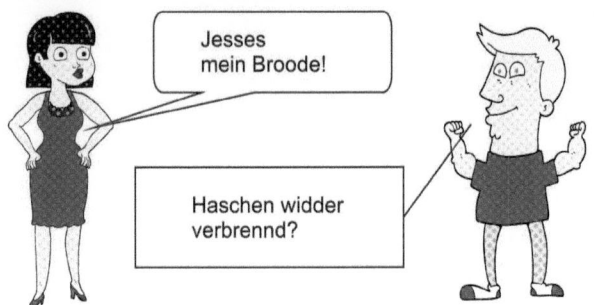

„Oje, mein Braten!"
„Hast du ihn wieder verbrannt?"

Brunne, *Brunnen*
Brunnebuddser, *Brunnenputzer*
Brunnedrog, *Brunnentrog*
brunse, *urinieren*
Bruschd, *Busen*

Bruschdwarz, *Brustwarze*
Brusl, *Bruchsal (Stadt)*
Bschaaid, *Bescheid*
Bschdegg, *Besteck*
Bschdellung, *Bestellung*

- **Franz muss dringend zur Toilette.**

„Mensch, ich muss pinkeln."
„Stell dich in die Ecke, ich sage dir Bescheid, wenn jemand kommt."

bschdendich, *ständig*
bschdimmd, *bestimmt*
bschdoche, *bestochen*
bscheddigd, *bestätigt*
bscheffdigt, *beschäftigt*

Bschiss, *Betrug*
bseddsd, *besetzt*
bsesse, *besessen*
Bsichle, *kurzer Besuch*
Bsiddser, *Besitzer*

- Elsbeth taucht überraschend bei Ludwig auf.

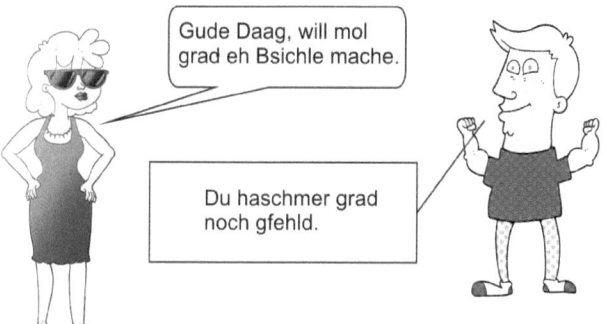

„Guten Tag, ich will mal einen kurzen Besuch machen."
„Du hast mir gerade noch gefehlt."

bsoffe, *besoffen*
bsohld, *besohlt*
bsorge, *besorgen*
bsuchd, *besucht*
bsuche, *besuchen*

bsunne, *besonnen*
bsunners, *besonders*
Bubb, *Puppe*
Buchbinner, *Buchbinder*
Budder, *Butter*

- Lotte sieht zufällig, dass ein Haus zu verkaufen ist.

„Ich frage den Besitzer, was das Haus kostet."
„Du bist doch betrunken, das ist viel zu groß."

Buddl, *Flasche*
buddle, *graben*
Buddsau, *Schwein (Schimpfwort)*
Buddse, *Apfelkern*
buddse, *putzen*

Buddsebeer, *Gespenst*
Buddseile, *Ferkel*
Buddsele, *Baby*
buddsig, *niedlich*
Buddslumbe, *Putzlappen*

- **Heiner ist mit Walterchen auf einem Bauernhof.**

„Siehst du das kleine Ferkel da drüben?"
„Ja und, das ist doch nichts Besonderes."

Buggl, *Rücken*
Buh, *Junge*
Bulldog, *Traktor*
Bulver, *Pulver*
Bumb, *Herz*

Bunger, *Bunker*
bussire, *flirten*
Buwe, *Buben, Jungen*
Buweschbiddsle, *Schupfnudeln*
d'Schdalldier, *Stalltür*

- **Traudel juckt der Rücken.**

„Kannst du mich am Rücken kratzen?"
„Sonst noch etwas?"

daab, *taub*
Daag, *Tag*
Daagdieb, *Taugenichts*
Daaig, *Teig*
Daaigaff, *Idiot*

Daail, *Teil*
dabbe, *treten*
Dabber, *Fußabdruck*
dabbich, *ungeschickt*
Dabbl, *Depp*

- Ludwig braucht Hilfe, weil er eine Tür überarbeitet hat.

„Kannst du mir mal helfen, die Tür einzuhängen?"
„Du Idiot, da fehlt doch der Türzapfen."

dachdle, *verhauen*
Dachgaub, *Dachvorbau*
Dachkandl, *Dachrinne*
Dadderich, *das Zittern*
dadderich, *zittrig*

daddsche, *betatschen*
Daddschkapp, *Schildmütze*
Dadebangg, *Datenbank*
Daffge, *aus Trotz*
Daggl, *Dackel*

- Liesel wirft Walterchens Glas runter.

„Mir ist dein Glas runtergefallen."
„Das hast du aus Trotz gemacht."

daggle, *gehen*
dahoimrum, *zu Hause*
d'Ald, *die Alte*
dalge, *kneten (mit den Händen)*
Dalle, *Beule*

Dampfnudl, *Hefeknödel*
Dampfschdrahl, *Dampfstrahl*
Dande, *Tante*
dangge, *danke*
danse, *tanzen*

- **Lotte kündigt den Besuch von Tante Friedel an.**

„Tante Friedel kommt."
„Dann kann sie gleich unsere Hefeknödel kneten."

Darschdeller, *Darsteller*
Dascheduch, *Taschentuch*
dasse, *dass ich*
dasse'n, *dass ich ihn*
dass's, *dass du*

Daub, *Taube*
daure, *dauern*
de, *der*
de, *dich*
Debbich, *Teppich*

- **Gertrud hofft auf Hilfe.**

„Ich muss noch den Teppich klopfen."
„Das kann ich machen, wenn du mir ein Bier holst."

Debbichbaddscher, *Teppichklopfer*
debei, *dabei*
dedschle, *tätscheln*
deed, *würde*
Deeds, *Kopf*

defier, *dafür*
degege, *dagegen*
Deggbedd, *Bettdecke, Zudecke*
Deggl, *Deckel, Topfdeckel*
Deggl, *Hut*

- Traudel fordert Franz auf seinen Hut aufzusetzen.

„Setz deinen Hut auf, es ist kalt."
„Übertreibe nicht, achte lieber auf deine kunstvoll drapierte Frisur."

deher, *daher*
deherschweddse, *daherreden*
dehinner, *dahinter*
dehoim, *daheim*
dei, *dein*

dei, *deine*
deidlich, *deutlich*
deier, *teuer*
Deifl, *Teufel*
deigsle, *hinbekommen, hindrehen*

- Ludwig muss ein Brett passgenau anschrauben.

„Das Brett muss ich in das Loch hineinbekommen."
„Der Teufel soll mich holen, wenn das geht."

Deller, *Teller*
demm, *dem*
Demonschdrand, *Demonstrant*
dempfe, *bügeln, dämpfen*
denewwe, *daneben*

denggd, *denkt*
dengge, *denken*
Dengmol, *Denkmal*
denne, *denen*
der do, *der da*

- **Lotte fällt ein, dass sie noch für Franz eine Hose bügeln muss.**

„Ich muss noch deine Hose bügeln."
„Mach aber richtige Bügelfalten."

derfe, *dürfen*
Derfle, *Karlsruher Altstadt*
derfsch, *darfst*
dermid, *damit*
dermlich, *mager*

derr, *dünn*
derre, *dieser*
Derrobschd, *Dürrobst*
der's, *es dir*
des isch mer awwer arg, *tut mir leid*

- **Elsbeth sieht eine überschlanke Frau vorbeilaufen.**

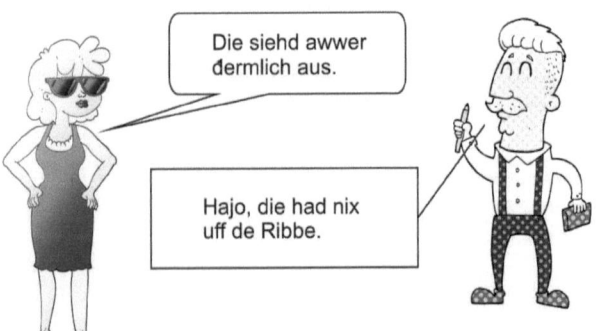

„Die Frau sieht aber mager aus."
„Ja, die hat eben nichts auf den Rippen."

des, *das*
Desaschder, *Desaster*
desdewege, *deswegen*
desdrum, *darum*
desmol, *diesmal*

dess, *dieses*
deszweg, *deshalb*
devo, *davon*
devodrage, *davontragen*
dewedder, *dagegen*

- Walterchen ist die Treppe runtergefallen.

„Ich bin heute die Treppe hinuntergefallen."
„Du hast aber nichts davongetragen?"

dewerd, *nicht wert*
dezu, *dazu*
dezukumme, *dazukommen*
Dfenschderbank, *Fensterbank*
Dibbfelesscheißer, *Pedant*

Diblomad, *Diplomat*
Dickschädel, *Dickkopf*
diddle, *deuten*
die do, *die da*
Dieftle, *Düftchen*

- Heiner stört eine herumliegende Zeitschrift.

„Hast du gesehen, da liegt noch ein Heftchen auf dem Tisch."
„Lass es liegen, ich will es gleich lesen, du Pedant."

Dienschdvorschrifd, *D.vorschrift*
dier, *dir*
Dier, *Tür*
Dierfall, *Türklinke*
Dierlen, *Tierchen*

digg, *dick*
digge, *dicke*
Diggwamschd, *Dicker*
Dingerich, *Kerl*
Dinnpfiff, *Durchfall*

- **Gerdrud und Traudel tratschen über ihren Nachbar Karl.**

„Der Karl ist dick geworden."
„Weißt du, der arbeitet ja nichts mehr."

Dinschd, *Dienst*
Dinschdaag, *Dienstag*
Dinschdbolze, *Dienstmagd*
Direggder, *Direktor*
Disch, *Tisch*

dischpudiere, *streiten*
dissle, *flüstern*
d'maischde, *die meisten*
d'neggschd, *die nächste*
do hinn, *hier drin*

- **Traudel ruft Franz auf dem Handy an.**

„Wo bist du denn?"
„Na, im Dienst. Was denkst du denn?"

do, *da*
dobbld, *doppelt*
Dobblwegg, *großes Brötchen*
Dochder, *Tochter*
Dodder, *Dotter*

dodebei, *hierbei*
dodefier, *dafür*
dodegege, *dagegen*
dodemid, *damit*
dodezu, *dazu*

- Elsbeth ist gerade beim Bäcker.

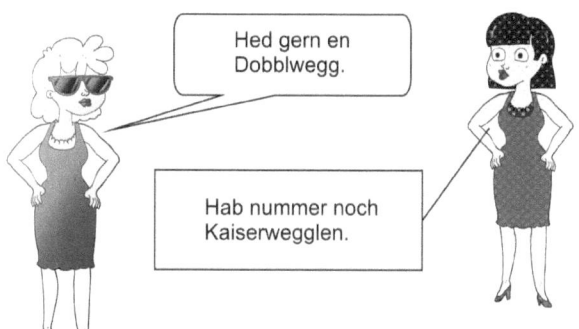

„Ich hätte gerne ein großes Brötchen."
„Ich habe nur noch kleine Brötchen."

dodraa, *da dran*
dodraus, *daraus*
dodruff, *darauf*
Doggder, *Doktor, Arzt*
dohanne, *hier*

doher, *daher*
dohinn, *hier drin*
Dohle, *Gully*
Dolber, *grober Mensch*
Dolde, *Blütenstängel*

- Erich ist genervt vom Ballspiel des kleinen Walterchens.

„Verschwinde mit deinem Ball."
„Lass mein Kind in Ruhe, du grober Mensch!"

Donnerschdaag, *Donnerstag*
doobse, *anfingern*
Doobser, *Abdruck, Finger*
Dood, *Tod*
dood, *tot*

dord, *dort*
dordich, *erst dann*
dordmols, *damals*
dordnaa, *dahin*
Dorfdroddl, *Dorftrottel*

- **Walterchen erzählt von seinem Geburtstag.**

„Am Donnerstag habe ich Geburtstag."
„Lädst du mich auch ein?"

dormelich, *schwindlig*
Dorne, *Dornen*
Dorschd, *Durst*
dortnoo, *dahin*
draa, *dran*

Drabl, *Krach*
draggdiere, *quälen*
Dranfunsl, *langsamer Mensch*
dransaliere, *bedrängen*
draurich, *traurig*

- **Heiner ärgert sich über das Chaos im Zimmer von Walterchen.**

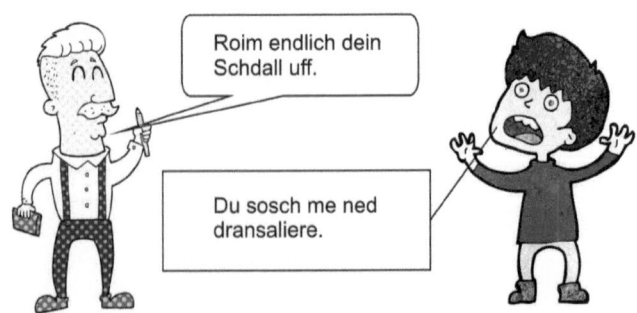

„Räume endlich dein Zimmer auf."
„Du sollst mich nicht bedrängen."

drausbringe, *stören*
drauße, *draußen*
Drauwe, *Trauben*
Drebb, *Treppe*
Drebbehaus, *Treppenhaus*

drebble, *in die Pedale treten*
drebfle, *tröpfeln*
dredde, *treten*
Dregg, *Schmutz*
dreggich, *schmutzig*

- Franz erzählt, dass er nocht zum Weinberg muss.

„Wir müssen heute noch Trauben lesen."
„Dann gibst du mir aber nachher ein wenig süßen Wein."

Dreggle, *Kleinigkeit*
Dreggoimer, *Dreckeimer*
Dreggsau, *Dreckschwein*
Dreggschbadds, *Faulpelz*
Dreggschleider, *Umweltverpester*

Dreggschleider, *loses Mundwerk*
dreischdeggig, *dreistöckig*
dreivirdl, *dreiviertel*
dreiwe, *treiben*
dreniere, *trainieren*

- Lotte meckert als Ludwig sein Motorrad vor dem Fenster abstellt.

„Stelle deinen Umweltverpester gefälligst woanders hin."
„Wieso, lass mein Motorrad in Ruhe."

Drenning, *Training*
Drepfle, *guter Tropfen Wein*
Dreschmaschin, *Dreschmaschine*
Dreste, *Trester*
driedse, *antreiben*

driele, *sabbern*
Drieler, *Langweiler*
Driellads, *Babylätzchen*
drigge, *drücken*
dringg, *trinke*

- **Oma und Opa passen heute aufs Enkelkind auf.**

„Ich ziehe dem Baby nur das Lätzchen um."
„Und ich gebe ihm die Flasche."

dringge, *trinken*
driweliere, *drängeln*
driwerr, *drüber*
driwwe, *drüben*
driwwerfahre, *drüberfahren*

droddln, *langsam machen*
Droddwar, *Bürgersteig*
Drohd, *Draht*
droime, *träumen*
drollich, *drollig*

- **Elsbeth bitte Opa auf den Verkehr zu achten.**

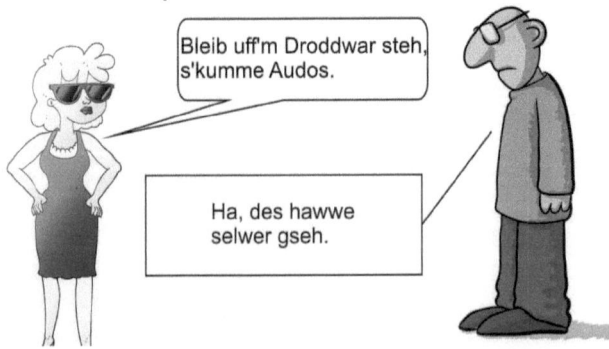

„Bleib auf dem Bürgersteig stehen, es kommen Autos."
„Na, das habe ich selbst gesehen."

drooglammere, *anklammern*
drowwe, *droben*
druff, *darauf*
druffdrigge, *draufdrücken*
drumm, *deshalb*

Drumm, *großes Ding*
drunne, *drunten*
drunner, *darunter, weniger als*
d'Schul, *die Schule*
D'schuldigung, *Entschuldigung*

- Heiner und Lotte wollen einen Fernseher kaufen.

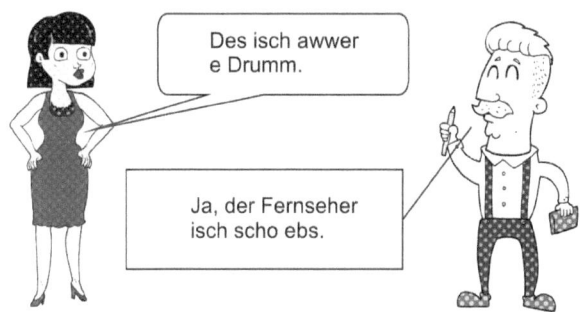

„Das ist aber ein großes Ding."
„Ja, der Fernseher ist schon etwas."

Dubfe, *Tupfen*
duck de, *bück dich*
Duckmeiser, *Duckmäuser*
dud, *tut*
due, *tun*

dugge, *bücken*
dummle, *beeilen*
dungge, *eintauchen*
Dunnerkeidl, *Donnerlittchen*
Dunnerkiddl, *Donnerwetter*

- Franz und Traudel besichtigen ein altes Bauernhaus.

„Du musst dich bücken, das ist eine kleine Tür."
„Pass lieber auf deinen Kopf auf."

durchenanner, *durcheinander*
durchfissle, *durchsuchen*
durchfliege, *durchfallen*
durchgwaaicht, *durchgeweicht*
durchhagle, *Prüfung nicht bestehen*

durchhechle, *schlecht reden*
durchlaafe, *durchlaufen*
Durchlaaferhiddser, *Durchlauferh.*
durchrassle, *durchfallen*
durchsiggere, *durchsickern*

- **Lotte erzählt, dass der Nachbar im Kaufhaus geklaut hat.**

„Der Polizist musste ihn durchsuchen."
„Wer klaut, hat sich das verdient."

durchziege, *durchziehen*
durmlich, *schwindlig*
duschder, *finster*
Dusl, *Glück*
dusslich, *benommen*

Duudsebock, *Spiel mit Kindern*
ebber, *jemand*
ebbes, *etwas*
Ebfel, *Äpfel*
echd, *echt*

- **Elsbeth kommt schnaufend von der Tanzfläche zurück.**

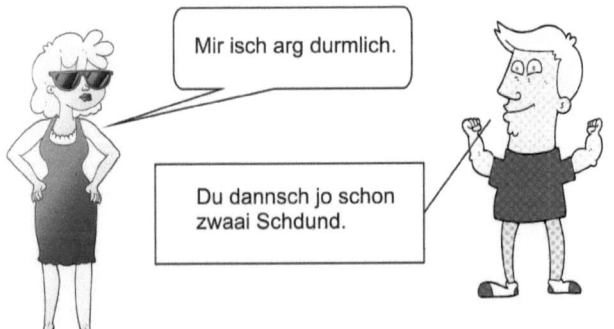

„Mir ist ganz schwindlig."
„Du tanzt ja schon seit zwei Stunden."

Echd?, *Wirklich?*
echze, *ächzen*
eeglich, *ekelig*
Egg, *Ecke*
eggich, *eckig*

Eggschdoi, *Eggenstein (Dorf)*
eh, *sowieso*
Ehebedd, *Ehebett*
ehnder, *eher*
Ehredor, *Ehrentor*

- Erich hat sein Stuhl mitten im Zimmer stehen lassen.

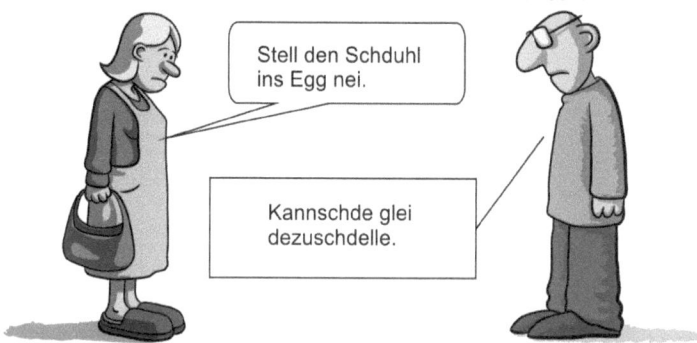

„Stelle den Stuhl in die Ecke."
„Du kannst dich auch gleich dazustellen."

eibasse, *einpassen*
eibrogge, *einbrocken*
eibroggle, *in kleine Brocken rupfen*
eich, *euch*
Eidridd, *Eintritt*

Eidriddskard, *Eintrittskarte*
eifedle, *einfädeln*
eigedriggd, *eingedrückt*
eigekeild, *eingekeilt*
eigfahre, *üblich, gewohnt*

- Traudel hat den Zug verpasst.

„Ich bin zu spät zum Vorstellungstermin gekommen."
„So eine unangenehme Situation kann man sich nur selbst schaffen."

Eigmachde (s geht ans), *ernst sein*
eigschloofene Fies, *eing. Füße*
eigschlosse, *inbegriffen*
eigschnabbd, *beleidigt*
Eigweide, *Eingeweide*

eihaimse, *einsammeln*
eiimpfe, *einimpfen*
eikaafe, *einkaufen*
eikellere, *einkellern*
Eilaafsupp, *Einlaufsuppe*

- **Heiner möchte einen Bauantrag stellen-**

„Ich muss meinen Antrag für das Haus abgeben."
„Ja, jetzt wird es ernst."

Eiladungskard, *Einladungskarte*
eiloche, *einsperren*
eimache, *einkochen*
Eimachglas, *Weckglas*
eipagge, *einpacken*

eipuderre, *einpudern*
eireiwe, *einreiben*
eisaaife, *schlagen, verhauen*
eisaue, *schmutzig machen*
eischberre, *einsperren*

- **Elsbeth steht im Geschenkeladen.**

„Kannst du mir das Geschenk einpacken?"
„Ich wickle dir ein Stück Zeitung herum."

eischlage, *einschlagen*
eiverschdanne, *einverstanden*
eiwiggle, *einwickeln (in Papier)*
eiwiggle, *schmeicheln*
Eldre, *Eltern*

Elegdrisch, *Straßenbahn*
ellelang, *sehr lang*
elooi, *allein*
elschd, *der/die Älteste*
em, *um*

- **Ludwig der Kavalier.**

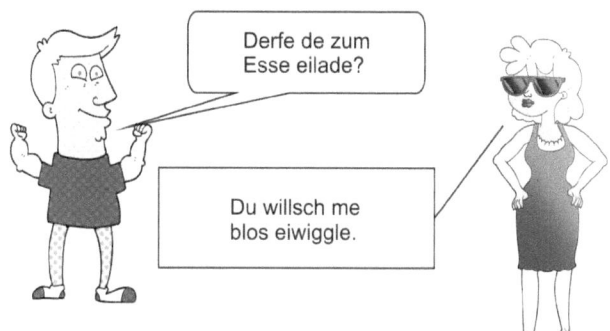

„Darf ich dich zum Essen einladen?"
„Du willst mir nur schmeicheln."

emol, *einmal*
empfange, *empfangen*
empfinne, *empfinden*
empfoole, *empfohlen*
Endekebbfer, *Zug (Nebenstrecke)*

Endeschnawwl, *Entenschnabel*
endgaischderd, *entgeistert*
Enggele, *Enkelkind*
Engscht, *Angst*
erfunne, *erfunden*

- **Gertrud will in die Kleinstadt fahren.**

„Der Bummelzug fährt um fünf."
„Wenn du deine Beine unter die Arme nimmst, bekommst du ihn noch."

ergschde, *schlimmste*
erkenne, *erkennen*
erliggere, *herausfinden*
Erm, *Arme (Plural v. Arm)*
erobere, *erobern*

erschd, *erst*
erschder, *erster*
erschosse, *müde, kaputt*
Erwed, *Arbeit*
esch (du), *du isst*

- **Traudel verrät flüsternd das Hochzeitgeschenk für ihre Tochter.**

„Zur Hochzeit schenke ich ihnen 12 Suppenteller."
„Die musst du gut verstecken, sonst finden die das heraus."

essd, *er/sie/es isst*
ewe, *eben*
Ewwer, *Eber*
exdra, *extra*
faadegrad, *fadengerade*

fäddse, *abreißen*
fahrd, *fährt*
fahre, *fahren*
fahrese, *fahren sie*
Fahrgschdell, *Fahrgestell*

- **Erich hat Straßenarbeiten beobachtet.**

„Die haben heute neue Striche auf der Straße gezogen."
„Ich habe es schon gesehen, die sind fadengerade."

fahrsch, *fährst*
Fangerles, *Fangen spielen*
Farweoimer, *Farbeimer*
faschd, *fast*
faschde, *fasten*

Fassnachd, *Fastnacht*
Fassnachdskiechlen, *Krapfen*
Fassnachdsumzug, *Fastn.umzug*
Feddsack, *dicker Mann*
feddsd, *fetzt*

- **Elsbeth droht ihrem Mann Ärger an.**

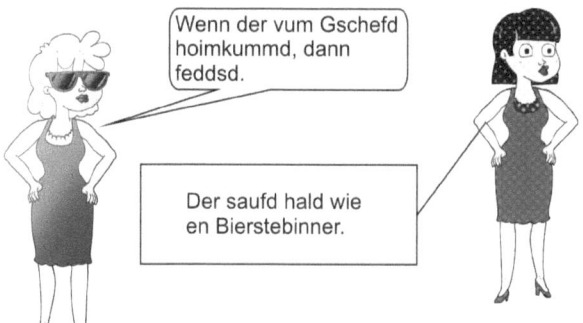

„Wenn der von der Arbeit nach Hause kommt, dann kracht's."
„Der säuft eben wie ein Bürstenbinder."

feddse, *fetzen*
feddsich, *fetzig*
Federbedd, *Zudecke*
Feger, *Hansdampf*
Fehds, *Unfug*

Feierdaag, *Feiertag*
feiere, *feiern*
Feierlaider, *Feuerleiter*
Feierlescher, *Feuerlöscher*
Feischdle, *Fäustchen*

- **Oma sieht, dass Liesel einen neuen Rock hat.**

„Du hast schon wieder einen neuen Minirock."
„Ich möchte eben auch ein wenig fetzig aussehen."

Fenschder, *Fenster*
ferdich, *fertig*
ferdichmache, *besiegen*
Ferie, *Ferien*
Ferster, *Förster*

Ferz, *unnützes Vorhaben*
Feschd, *Fest*
feschd, *fest*
festgfahre, *festgefahren*
Fettwamschd, *dicker Mann*

- **Walterchen hat sich für die Musik entschieden.**

I will uff d'Musigschul gehe.

Des sin doch Ferz, was du im Kopf hasch.

„Ich will in die Musikschule gehen."
„Das ist doch ein unnützes Vorhaben, das du im Kopf hast."

Fetze, *Fetzen*
fiddere, *füttern*
field, *fühlt*
Fieß, *Füße*
fimf, *fünf*

Finfer, *Fünf (Schulnote)*
Finnerloh, *Finderlohn*
firchderlich, *fürchterlich*
firschich, *vorwärts*
Fischsteble, *Fischstäbchen*

- **Erich fand, dass zu viel Trubel auf dem Festplatz war.**

Uff dem Feschd wars firchterlich voll.

Wersch dehoim blibbe, hedsch dei Ruh khabd.

„Auf dem Fest war es fürchterlich voll."
„Wärst du zu Hause geblieben, hättest du deine Ruhe gehabt."

Fisimatende, *Ausreden, Blödsinn*	**Flaaischworschd**, *Fleischwurst*
Flaaisch, *Fleisch*	**fladiere**, *schmeicheln*
Flaaischbschau, *Fleischbeschau*	**fleddse**, *lümmeln*
Flaaischkiechle, *Frikadelle*	**Fledlesupp**, *Flädlesuppe*
Flaaischschbies, *Fleischspieß*	**Fleedsch**, *beleidigtes Gesicht*

- Ludwig wünscht sich sein Leibgericht.

„Du kannst mal wieder die schönen Fleischspieße machen."
„Nicht wahr, dir läuft das Wasser im Mund zusammen?"

fleggig, *fleckig*	**fluddsche**, *leicht rutschen*
Fleiß (mid), *absichtlich gemacht*	**Flunsch**, *Schmollmund*
Fliddich, *Flügel (Plural)*	**Fodo**, *Foto*
fliege, *hinfallen*	**fodografiere**, *fotografieren*
fliegsch, *fällst*	**folge**, *gehorchen*

- Walterchen flennt und schaut wütend.

„Wieso verziehst du denn so den Mund?"
„Die Mutter hat mir wegen nichts eine Ohrfeige gegeben."

ford, *fort*
Forz, *hirnrissige Idee*
forzdrogge, *strohtrocken*
forze, *furzen*
Fraa, *Frau*

Fraaß, *Fraß*
Fraue, *Frauen*
Frechdaggs, *freches Kerlchen*
Freidaag, *Freitag*
Freind, *Freund*

- **Heiner versucht durch die Blume Arbeit zu verteilen.**

„Der Garten ist ganz ausgetrocknet."
„Du kannst ja auch mal eine Gießkanne in die Hand nehmen."

fremdle, *vor Fremden ängstigen*
Fressalie, *Esswaren*
Fresszettel, *Notizzettel*
Friehjohr, *Frühjahr*
Friehling, *Frühling*

friehr, *früher*
Friehschdigg, *Frühstück*
Frisehr, *Friseur*
froddsle, *sticheln*
froge, *fragen*

- **Oma Gertrud schwelgt in der Vergangenheit.**

„Früher war alles besser."
„Früher hatten wir auch einen Kaiser."

Frollein, *Fräulein*
Fuchdl, *Fuchtel*
fuchdle, *winken*
Fudder, *Essen, Fressen, Futter*
fuddsch, *kaputt*

fuddschikado, *kaputt*
fuffzehn, *fünfzehn*
fuffzich, *fünfzig*
fuggse, *ärgern*
Fummelei, *filigrane Arbeit*

- Franz kommt erschöpft von der Arbeit.

„Meine Güte, bin ich heute kaputt."
„Du wirst dich nicht zu Tode gearbeitet haben."

Funsel, *schwache Lampe*
Fuß, *Bein*
Fussl, *Fussel*
fußle, *rennen*
Fuusl, *Billigwein, Schnaps, Fusel*

gaggelich, *wacklig*
gaiffere, *sabbern*
Gail, *Pferde*
Gaischd, *Geist*
Gaiß, *Ziege*

- Ludwig und Heiner über Hunderassen.

„Die Boxer sabbern eben."
„Deshalb kaufe ich mir lieber einen Dackel."

Galgevogl, *hässlicher Mensch*
Gang, *Flur*
Gardehidd, *Gartenhütte*
Gardewirdschafd, *Gartenwirtschaft*
Gardezaun, *Gartenzaun*

garschdig, *unfreundlich*
gaschdich, *hässlich*
gaudsche, *schaukeln*
Gawl, *Gabel*
geaichd, *trinkfest*

- **Walterchen rührt lustlos im Teller rum.**

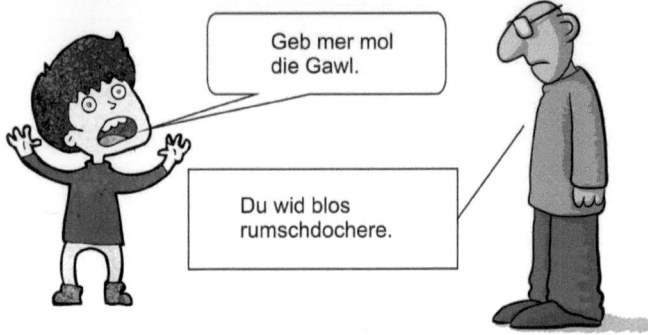

„Gib mir mal die Gabel."
„Du willst doch nur herumstochern."

Gebabbl, *Geschwätz*
Gebordsdaag, *Geburtstag*
Gebruddl, *Gemecker*
gededdschd, *traurig*
Gedeens, *Getue*

gedibbfld, *getupft*
Gedrengg, *Getränk*
Gedudl, *nervende Musik*
Geduldsfade, *Geduldsfaden*
Gegedaail, *Gegenteil*

- **Liesel hüpft ununterbrochen auf den Dielen.**

„Hör auf, sonst reißt mir der Geduldsfaden."
„Noch nicht mal mehr hüpfen darf man."

gegraggsld, *geklettert*
Gegrele, *Gegröle*
gehd's?, *geht es?*
gehmer, *gehen wir*
gehsch, *gehst*

Geigekaschde, *Geigenkasten*
Geizkrage, *geiziger Mensch*
Gelberiewe, *Karotten*
Gelbfießler, *die Badener*
Geldbeidl, *Geldbeutel*

- Erich erzählt von seinem Ausflug.

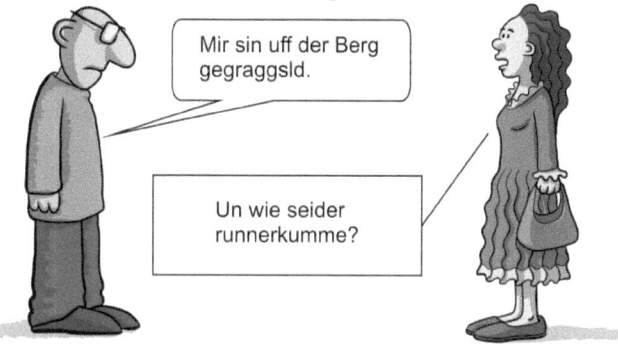

„Wir sind auf den Berg geklettert."
„Und wie seid ihr wieder heruntergekommen?"

gelde, *gelten*
gelebber, *Verschütten (Flüssigkeit)*
gell?, *nicht wahr?*
gemooin, *gemein*
Gens, *Gänse*

gepaggd, *gepackt*
Gepeggdreger, *Gepäckträger*
gepfiffe, *gepfiffen*
gerdle, *im Garten arbeiten*
Gerdle, *kleiner Garten*

- Elsbeth steckt in den Urlaubsvorbereitungen.

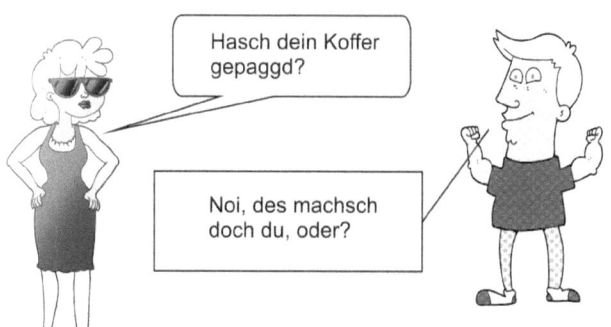

„Hast du deinen Koffer gepackt?"
„Nein, das machst doch du, oder?"

Geschd, *Gäste*
geschdern, *gestern*
gesse, *gegessen*
Gessle, *Gasse*
gewessermer, *geben Sie mir...*

gewwe, *gegeben*
Gezerfe, *Streiterei*
Gfahr, *Gefahr*
gfalle, *gefallen*
gfalsch, *gefällst*

Lotte musste ein Frauentreffen organisieren.

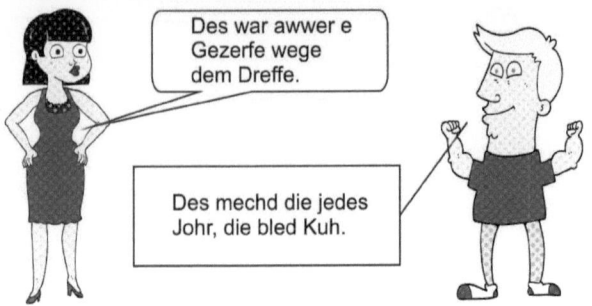

„Das war aber eine Streiterei wegen des Treffens."
„Das macht die jedes Jahr, die blöde Kuh."

gfeierd, *hinausgeworfen*
gfloge, *hingefallen*
gflungerd, *geflunkert*
gfresse, *gefressen*
gfriehrd, *gefriert*

ghörich, *gehörig*
gibd's, *gibt es*
gibsch, *gibst*
giegse, *quietschen*
Gifdschbridds, *Giftspritze*

- **Liesel beschwert sich über die neue Lehrerin.**

„Die neue Lehrerin ist vielleicht eine Giftspritze."
„Die lassen wir einfach auflaufen."

Gifdzwerg, *Giftzwerg*
giggere, *kichern*
gild, *gilt*
gildet ned, *gilt nicht*
gildet, *gilt aber*

Girdl, *Gürtel*
Glaaid, *Kleid*
Glaaiderbiegel, *Kleiderbügel*
glabbrich, *klapprig*
gladd, *glatt*

- Ludwig versucht seinen Koffer zu packen.

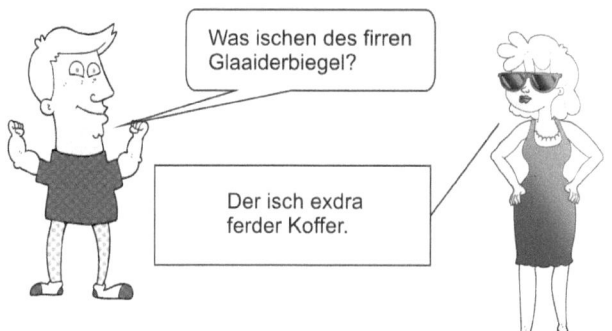

„Was ist denn das für ein Kleiderbügel?"
„Der ist extra für den Koffer."

Glass, *Schulklasse*
Glasse, *Klasse*
glebbere, *klappern*
Glebberlen, *Holzsandalen*
gleddere, *klettern*

glegd, *gelegt*
gleggere, *kleckern*
gleggerlesweis, *stückchenweise*
glei, *sofort*
gleivoll, *beinahe*

- Gertrud und Traudel tratschen über Elsbeth.

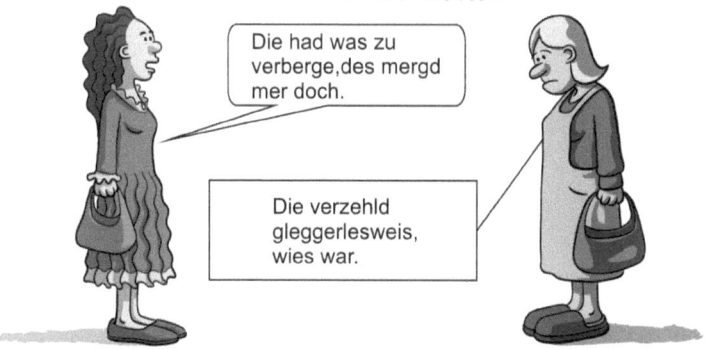

„Die hat etwas zu verbergen, das merkt man doch."
„Die erzählt nur stückchenweise, wie es war."

glemmds, *klemmt es*
glemme, *klemmen*
Glewerle, *intelligenter Mensch*
glidde, *zugelassen*
glidde, *geläutet (Glocken)*

Gligger, *Murmel*
gligglich, *glücklich*
Glimmzieg, *Klimmzüge*
Glingebuddser, *Vertreter*
gloddse, *anstarren*

- **Heiner macht sich Notizen über die Kirchenglocken.**

„Schon um sechs haben die Glocken geläutet."
„Das ist so laut, da fällt man aus dem Bett."

Gloddse, *Fernseher*
Gloddser, *Augen*
Gloggeturm, *Glockenturm*
Gloobirschd, *Klobürste*
glooge, *gelogen*

Gloschder, *Kloster*
Glugg, *Glucke*
Gluggser, *Schluckauf*
gluhse, *glimmen*
Glumb, *Gerümpel, wertloses Zeug*

- **Mutter und Sohn über Fernsehen und Neugierde.**

„Du sitzt den ganzen Tag vor dem Fernseher."
„Und du vor dem Fenster."

gmiedlich, *gemütlich*
Gmies, *Gemüse*
gmuschderd, *gemustert*
gnabbse, *knausern*
Gnauser, *Kopfnuss*

Gnegges, *kleiner Junge*
gnidds, *clever*
gniddse, *clevere*
Gnigg, *Nacken*
gniggerich, *geizig*

- **Liesel stolpert über Heiners Sachen.**

„Räum dein Gerümpel weg."
„Wenn du nicht ruhig bist, bekommst du eine Kopfnuss."

Gnilch, *merkwürdiger Mann*
gnudsche, *knutschen*
gnug, *genug*
Gochse, *Gochsheim (Dorf)*
Godd, *Gott*

goddfroh, *heilfroh*
Goggler, *aufgeblasener Mann*
Goggler, *Hahn*
Gogs, *auffälliger Hut*
goldich, *goldig*

- **Walterchen erzählt seiner Oma.**

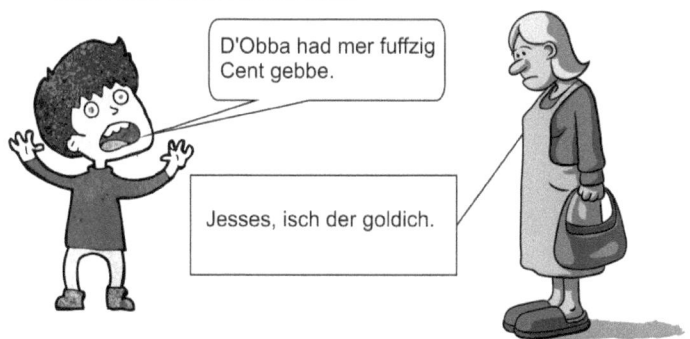

„Der Opa hat mir fünfzig Cent gegeben."
„Ach je, ist der goldig."

Gosch, *Mund*
gosche, *maulen*
Grabb, *Krähe*
grabble, *kitzeln*
grabsch, *du gräbst*

Grach, *Krach*
Gracherlen, *geröstete Brotwürfel*
grad, *gerade*
grad, *gerade eben*
gradaus, *geradeaus*

- **Traudel ist es peinlich, dass Franz so laut meckert.**

Soe Gosch kannsch awwer a blos du hawwe.

Sei ruich, du Grabb.

„So ein Mundwerk kannst auch nur du haben."
„Sei still, du alte Krähe."

Graddsbirschd, *Kratzbürste*
graddse, *kratzen*
gradliere, *gratulieren*
graggsle, *klettern*
Grall, *Kralle*

Grall (uff d'), *auf die Hand*
Grambe, *kleines Kind*
granadeschnell, *sehr schnell*
Granadesimbl, *großer Depp*
grandich, *zornig*

- **Ludwig hat ein schönes Bild auf dem Flohmarkt gefunden.**

Gugg, des Bild hawwe uff'm Flohmargd fer fimf Euro gfunne.

I hedd blos zwaai Euro uff'd Grall gewwe.

„Schau, das Bild habe ich auf dem Flohmarkt für fünf Euro gefunden."
„Ich hätte da nur zwei Euro auf die Hand gegeben."

grandle, *granteln, meckern*	**Graudwiggl**, *Krautwickel*
grangg, *krank*	**Grebfer**, *freche Kinder*
Granggehaus, *Krankenhaus*	**greeßer**, *größer*
Grasdaggl, *doofer Mensch*	**Greiz**, *Rücken*
Grauder, *Eigenbrötler*	**Greizdeifel awwer a!**, *Donnerwetter!*

- Franz und Erich unterhalten sich über den Nachbarn.

„Der große Blödmann ist nur am Meckern wegen der Kinder."
„Ich verstehe das, die vielen frechen Kinder sind schon laut."

greizlahm, *müde*	**Gribble**, *Kinderkrippe*
Grenk, *Krankheit*	**gribblich**, *aufgeregt*
grennd, *gerannt*	**Gribbs**, *Intelligenz*
Grewele, *Besucherritze im Bett*	**grie**, *grün*
Gribbl, *behinderter Mensch*	**Griewerworschd**, *Griebenwurst*

- Liesel besucht Tante Lina und fragt nach ihrem Zimmer.

„Tante Lina, wo schlafe ich?
„In meinem Bett in der Besucherritze, wo sonst."

Griffl, *Finger*
Grifflspitzer, *Pedant*
Grigg, *Krücke*
Grind, *Kopfhaut, Ausschlag*
Grischd, *Gerüst*

Grischdallzucker, *Kristallzucker*
grischded, *gerüstet*
Grischdkindle, *Christkind*
griwwe, *gerieben*
Grobf, *Kropf*

- **Walterchen soll seine Hände waschen.**

Wesch die Griffl.

I hab se grad abgriwwe.

„Wasch deine Finger."
„Ich habe sie gerade abgerieben."

Grodd, *kleines Mädchen*
groddebraid, *sehr ausführlich*
groddefalsch, *verkehrt*
Großgosch, *Angeber*
großkoddzig, *angeberisch*

Grubb, *Gruppe*
grubble, *mit den Fingern bohren*
Grumbiere, *Kartoffeln*
Grumbierekiechlen, *Kart.küchlein*
Grumbierekischd, *Kartoffelkiste*

- **Lottes Freundin war in Italien.**

I hab mei Freindin g'frogd, wies in Idalie war.

Un die had's der groddebraid verzehld.

„Ich habe meine Freundin gefragt, wie es in Italien war."
„Und die hat's dir ausführlich erzählt."

Grumbieresalad, *Kartoffelsalat*
Grumbierestambfer, *K.stampfer*
grumblich, *zerknittert*
grumsd, *gekracht*
Gruschd, *Schorf*

Gruschdl, *schlampige Frau*
Gruuschd, *Gerümpel*
gruuschdle, *herumkramen*
gsagd, *gesagt*
Gsangveraai, *Gesangverein*

- Erich schaut Gertrud beim Aufräumen zu.

„Du musst immer in der Schublade herumkramen."
„Lass mich nur machen, das kann dir doch egal sein."

g'schassd, *geschasst*
gschbaasich, *komisch*
Gschbenschd, *Gespenst*
gschbrunge, *gesprungen*
Gschbusi, *Liebhaber*

gschdanne, *gestanden*
gschdauchd, *kleinwüchsig*
Gschdell, *Gestell*
Gschefd, *Geschäft*
Gscheffdle, *Stuhlgang*

- Traudel erzählt vom Rummelplatz.

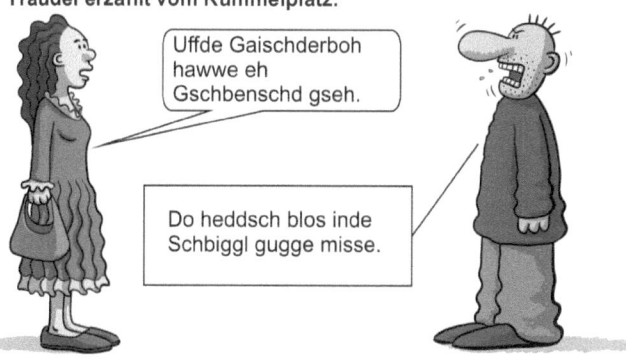

„In der Geisterbahn habe ich ein Gespenst gesehen."
„Da hättest du nur in den Spiegel schauen brauchen."

gscheggld, *kariert*
gscheid mache, *richtig machen*
gscheid, *gescheit, klug*
gscheider, *gescheiter*
Gscheidle, *Besserwisser*

gschemmd, *geschämt*
Gschengg, *Geschenk*
gschenggd, *geschenkt*
Gscherr, *Geschirr*
gschiddld, *geschüttelt*

- **Elsbeth und Lotte betrachten Heiners Auto.**

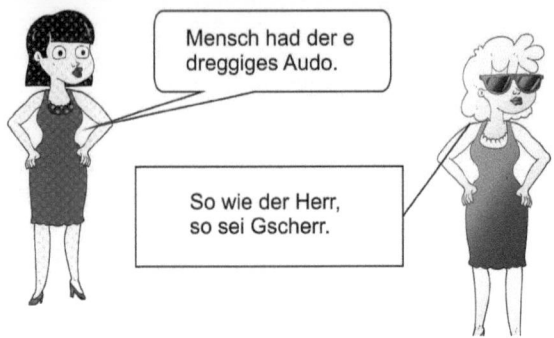

„Meine Güte, hat der ein dreckiges Auto."
„So wie der Herr so sein Geschirr."

gschiggd, *geschickt*
gschirre, *gut klarkommen*
Gschiss, *Umstände*
Gschmeggle, *Beigeschmack*
gschmeidig, *geschmeidig*

gschmierd, *geschmiert*
Gschnadder, *Durcheinanderreden*
gschnalld, *verstanden*
Gschoss, *großes Auto, gr. Mensch*
gschpreggld, *gesprenkelt*

- *Traudel plaudert über die letzte Talk-Show.*

„Hast du gestern die Talkshow gesehen?"
„Die habe ich abgeschaltet, die haben durcheinandergeredet."

gschraue, *geschrien*
gschuggd, *verrückt*
gschumpfe, *gescholten*
gschwind, *geschwind, schnell*
gschwolle, *angeberisch*

gsehe, *gesehen*
Gselds, *Marmelade*
Gsellschafd, *Gesellschaft*
gsesse, *gesessen*
Gsichd, *Gesicht*

- **Walterchen möchte ein belegtes Brot.**

„Mama, kannst du mir ein Brot machen?"
„Ich mache dir Marmelade drauf."

Gsindl, *Gesindel*
Gsoggs, *Gesindel*
gsunde, *gesunden*
gud, *gut*
Gudd Nachd, *Gute Nacht*

Gudde Dag, *Guten Tag*
Gudde Nowed, *Guten Abend*
gudmiedich, *gutmütig*
gugg, *schau*
Gugg, *Tüte*

- **Gertrud will Lotte Kartoffeln mitgeben.**

„Nimm die Kartoffeln mit."
„Wenn du mir eine Tüte gibst."

gugge, *schauen*
Guggloch, *Guckloch*
guggsch, *schaust du*
Guggugg, *Kuckuck*
gurge, *fahren*

Gurgl, *Kehle*
Guzele, *Bonbon*
gwaldeedich, *gewalttätig*
gwaldich, *gewaltig*
Gwedsche, *Zwetschgen*

- **Franz wundert sich über das Verhalten des Nachbarn.**

> Wieso brennd koi Lichd beim Nochber?

> I frogen ned, der isch gwaldeedich.

„Weshalb hat der Nachbar noch kein Licht an?"
„Ich frage ihn nicht, der ist gewalttätig."

Gwehr, *Gewehr*
gweniglich, *gewöhnlich*
gwiefd, *aufgeweckt, clever*
gwieß, *gewiss*
gwiggld, *gewickelt*

gworgsd, *gewürgt*
Haag, *Gartenzaun*
Haaihaufe, *Heuhaufen*
haaißd, *heißt*
Haamschder, *Hamster*

- **Liesel kommt aus der Scheune.**

> I bin mider Katz im Haaihaufe glege.

> Du hengsch ganz voller Schdroh.

„Ich habe mit der Katze im Heuhaufen gelegen."
„Deine Klamotten sind voller Strohhalme."

Haas, *Hase*
habbere, *fehlen*
habbich, *habe ich*
habbich, *happig*
hadd, *hat*

hadd'em, *hat ihm*
hadder, *hat er*
haddme, *hat mich*
hadd's, *hat es*
Haffe, *Topf*

- Heiner kommt in die Küche.

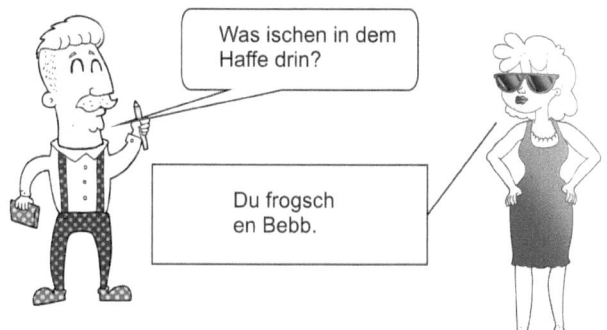

„Was ist denn in dem Topf drin?"
„Du fragst einen Mist."

Haffedeggel, *Topfdeckel*
Haffekees, *Kleinigkeit, Lappalie*
haggevoll, *stark betrunken*
Hahne, *Wasserhahn*
Haidelberg, *Heidelberg (Stadt)*

haidse, *heizen*
haiße, *befehlen, heißen*
hajo, *na klar*
halblang, *nicht so sehr*
hald, *halt, eben*

- Ludwig wundert sich über Franz seine abstehenden Haare.

„Warum siehst du so verstrubbelt aus?"
„Du willst jede Kleinigkeit wissen."

Haldeschdell, *Haltestelle*
halwer, *halb*
Hamballe, *Blödmann*
Hamblmann, *Hampelmann*
Handasch, *Handtasche*

Handuch, *Handtuch*
hanooi, *sehr betontes Nein*
hard, *hart, schlimm*
hasch, *hast du*
hasch mer, *hast du mir*

- **Lotte sieht, dass ihre Halskette nicht mehr schließt.**

„Hast du die Halskette kaputtgemacht?"
„Nein, wie kommst du darauf, dass ich sie angefasst habe?"

Hasefudder, *Hasenfutter*
Haufe, *Menge, Haufen*
hause, *hausen*
Hausmannskoschd, *Hausm.kost*
Hausschlabbe, *Hausschuhe*

hawwe, *haben*
hawwe, *hab ich*
hawwemer, *haben wir*
Hawwerflogge, *Haferflocken*
heb, *hebe*

- ***Elsbeth erzählt von ihrem neuen Garten.***

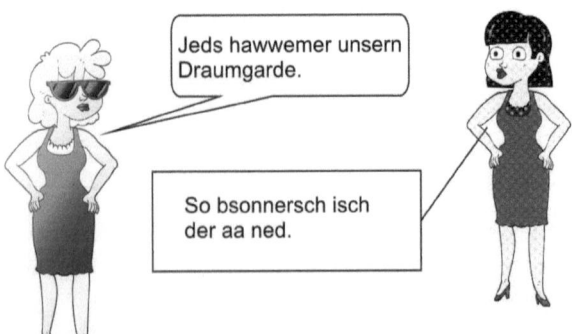

„Jetzt haben wir unseren Traumgarten."
„So besonders ist der auch nicht."

heb, *heben*
hebe, *halten*
hedd, *hätten*
heecher, *höher*
heelinge, *heimlich*

heerd, *hört*
heere, *hören*
Hefedaaig, *Hefeteig*
Heffele, *kleiner Topf*
Heftle, *Heftchen*

- Heiner berichtet, dass er seinen Sohn nicht hörte.

„Der hat sich heimlich in die Stube geschlichen."
„Ich habe es aber gehört."

Hegge, *Hecke*
heggerich, *unruhig*
heggle, *häkeln*
Heggmegg, *Durcheinander*
hegschd, *höchst*

hegschde Zeit, *höchste Zeit*
heid, *heute*
heidenaai, *was soll das denn*
heidich, *heutig*
Heidle, *Häutchen*

- Gertrud erzählt Traudel von ihrer Nachbarin.

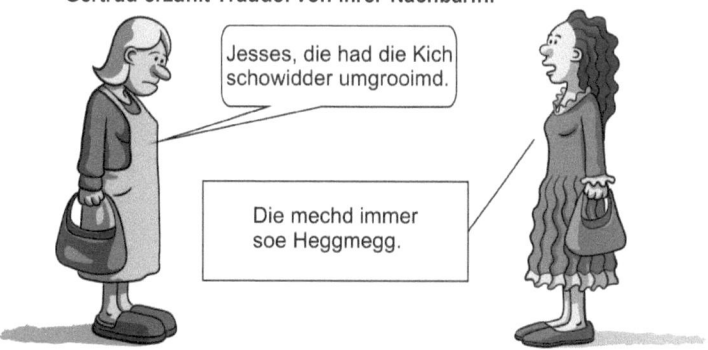

„Oje, die hat schon wieder die Küche umgeräumt."
„Die macht immer so ein Durcheinander."

heidsedaag, *heutzutage*
heiere, *heiraten*
heijeijei, *ojemine*
heile, *heulen*
heiliger Bimbam, *du meine Güte*

Heini, *Depp*
Heiser, *Häuser*
Heisle, *Häuschen*
helfe, *helfen*
hemmedsermlich, *hemdsärmlig*

- **Erich wundert sich über die Kleidung eines Kollegen.**

„Bei der Kälte nur im Hemd herumzulaufen, ist nicht normal."
„Der ist eben ein Depp."

Hempfling, *magerer, kleiner Mensch*
Hend, *Hände*
Hendi, *Handy*
Hendl, *Streit*
Hendle, *Händchen*

hendle, *streiten*
hendlsichdich, *streitsüchtig*
Hendschich, *Handschuhe*
hengd, *hängt*
henn, *wir haben*

- **Lotte verdächtigt Ludwig und wills wissen.**

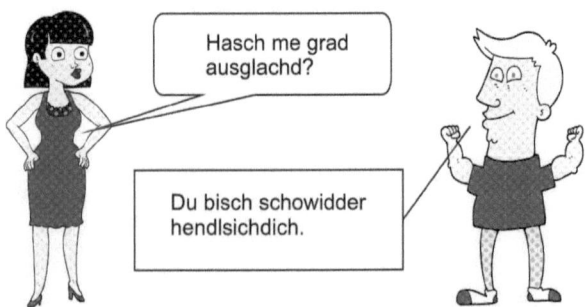

„Hast du mich gerade ausgelacht?"
„Du bist schon wieder streitsüchtig."

henn'ses, *haben Sie es*
her (Mensch her), *Ausruf Erstaunen*
herbschde, *Wein ernten*
here me, *hör ich mich*
hergange, *hergegangen*

Hergloffene, *Fremde*
Hergottsackzemend, *Ausruf, Fluch*
Herrmennles, *Dummheiten*
herschengge, *herschenken*
Hewwl, *Rüpel*

- Traudel sieht, dass am Ende der Straße neue Leute wohnen.

> Do hinne sinn Hergloffene eigezoge.

> Lasse doch, wennse sich aschdennig benemme, solls rechd sei.

„Da hinten sind Fremde eingezogen."
„Lass sie doch. Wenn sie sich anständig benehmen, soll es recht sein."

hibbelich, *nervös, aufgeregt*
Hiddle, *Hütte*
Hidds, *Hitze*
hie, *kaputt*
Hiedle, *Hut*

hiegange, *kaputtgegangen*
hiegee, *kaputtgehen*
hieghageld, *hingefallen*
hiegsuddld, *hingeschmiert*
hiekriege, *hinbekommen*

- Walterchen ist gestürzt.

> Mama, ich bin hieghageld.

> Des machd nix, wersch langsam gloffe.

„Mama, ich bin hingefallen."
„Das macht nichts, wärst du langsam gelaufen."

hiemache, *kaputt machen*
Hienerlaaider, *Hühnerleiter*
hieschlubbfe, *anschmiegen*
hieschluderre, *schlampig machen*
higrode, *hingeraten*

Himml, *Himmel*
hinne, *hinten*
hinnedra, *hintendran*
hinnenaus, *hintenheraus*
hinnenooch, *hinterher*

- **Gertrud möchte heute nicht in ihr kaltes Bett.**

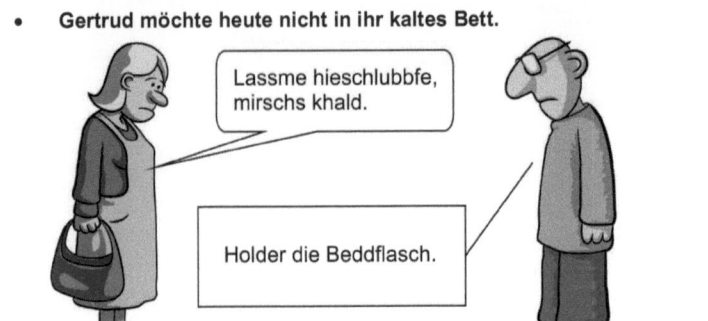

„Lass mich bei dir anschmiegen, mir ist kalt."
„Hole dir doch deine Bettflasche."

hinner, *hinter*
Hinnerer, *Hintern*
hinnerernanner, *hintereinander*
hinnerefier, *durcheinander*
hinnerfoddsich, *hinterlistig*

hinnerher, *hinterher*
hinnerleddschde, *allerletzte*
hinnerlischdich, *hinterhältig*
hinnerschich, *rückwärts*
hinnerum, *hintenherum*

- **Ludwig flirtet mit Elsbeth.**

„Du bringst mich ganz durcheinander."
„Das ist meine Masche, wenn ich eine Frau herumkriegen will."

Hobbelen, *Tannenzapfen*
hobbfe, *hüpfen*
hobbfeleicht, *ganz leicht*
hobbld, *hoppelt*
hobble, *hoppeln*

hobblich, *holprig*
Hobbserei, *Gehüpfe*
hochkhobe, *hochgehoben*
Hochzich, *Hochzeit*
Hoddegaul, *Pferd*

- **Traudel zeigt Walterchen ein Pferd.**

„Schau, das Pferd."
„Darf ich da mal draufsitzen?"

hoffendlich, *hoffentlich*
hogge, *sitzen*
Hogger, *Hocker*
Hoggerle, *Schemel*
Hohl (die), *Feldweg*

Hoimed, *Heimat*
hoimgfunne, *heimgefunden*
hoimzus, *heimwärts*
Holzdrepp, *Holzstiege*
holze, *zutreten*

- **Lotte möchte ins oberste Schrankfach greifen.**

„Gib mir mal den Schemel, ich kann nicht hochgreifen."
„Wieso, bist du kleiner geworden?"

Holzofe, *Holzofen*
hooimgehe, *heimgehen*
Hoor, *Haar*
Hoorbirschd, *Haarbürste*
hoorich, *haarig*

Hoorspree, *Haarspray*
horchd, *hört*
horche, *zuhören*
Hosegnobf, *Hosenknopf*
Hoselaade, *Hosenschlitz*

- **Gertrud sieht die offene Hose von Erich.**

„Mach deinen Hosenschlitz zu."
„Hättest du den Knopf angenäht, dann wäre er zu."

Hosescheisser, *Angsthase*
howwe, *hier oben*
hubbelich, *uneben*
Hubbl, *Hügel*
Hud, *Hut*

huddle, *schnell machen, eilen*
Huddslbrod, *Früchtebrot*
Hundehidd, *Hundehütte*
hunne, *da unten*
hunnerd, *hundert*

- **Gerdrud zeigt Franz ihr Häuschen.**

„Da hast du aber eine Hundehütte."
„Das Häuschen reicht mir."

hunsliederich, *hundeelend*
Huschde, *Husten*
Huschdeguzele, *Hustenbonbon*
Huschdesafd, *Hustensaft*
Hutsimbl, *Idiot*

i, *ich*
i paggs, *ich gehe jetzt*
i wissd ned, *ich wüsste nicht*
Idalie, *Italien*
Igl, *Igel*

- **Ludwig und Erich in der Kneipe.**

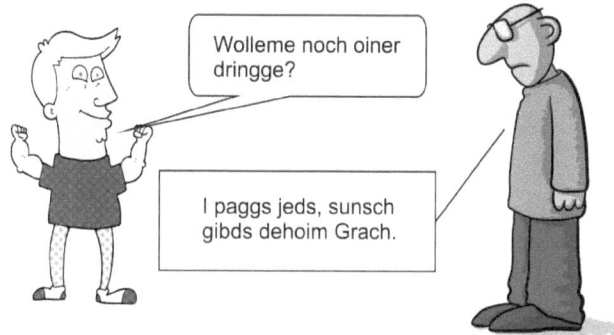

„Wollen wir noch ein Glas trinken?"
„Ich gehe jetzt, sonst gibt's zu Hause Ärger."

imbfe, *impfen*
imme, *in einem*
immeim, *in meinem*
immerno, *immer noch*
Indelligenzboldse, *schlauer Mensch*

indressand, *interessant*
inenanner, *ineinander*
Inschbeggder, *Inspektor*
isch, *ist*
isch're, *ist ihr*

- **Liesel möchte auch zum Impfen.**

„Darf ich mit zum Impfen?"
„Da müssen wir meine Mutter fragen."

isch's aa, *ist es auch*
iverhabdnix, *überhaupt nichts*
iwwer, *über*
iwweral, *überall*
iwwergschnabbd, *übergeschnappt*

iwwerhaubd, *überhaupt*
iwwerich, *übrig*
iwwerkandiddeld, *sehr eingebildet*
iwwernachde, *übernachten*
Iwwerraschung, *Überraschung*

- **Liesel beurteilt die neue Lehrerin**

„Hast du schon unsere neue Lehrerin gesehen?"
„Freilich, die ist ganz schön eingebildet."

iwwerschlage, *überschlagen*
iwwerseddse, *übersetzen*
iwwerweise, *überweisen*
Iwwerwurf, *Tagesdecke*
Iwwerzug, *Bettbezug*

jabbse, *nach Luft schnappen*
Jagg, *Jacke*
jammere, *jammern*
jeds, *jetzt*
jeds isch, *jetzt ist*

- **Heiner kündigt seine Pensionierung an.**

„Jetzt ist Schluss mit der Schufterei."
„Ihr Beamten habt es eben gut."

jedserd, *genau jetzt*
jedserdle, *jetzt*
Jessessmaria!, *Erstaunen (Ausruf)*
Jessessnooi!, *Ach nein! (Ausruf)*
jo, *ja*

Johr, *Jahr*
juchsde, *jauchzen*
juggle, *langsam fahren*
kaafe, *kaufen*
Kaaifer, *Käufer*

- **Franz sieht gerade eine schöne Frau vorbeigehen.**

„Ach nein, ist das eine schöne Frau."
„Kauf sie doch."

Kaaiser, *Kaiser*
Kabaredischd, *Kabarettist*
Kabb, *Kappe*
Kabbes, *blödes Gerede*
kabble, *streiten*

Kabbo, *Chef*
kabiere, *verstehen*
kabudd, *kaputt*
Kabuff, *Kammer*
Kaddl, *Frau (negativ)*

- **Erich empfielt Gertrud den Gang ins Kloster.**

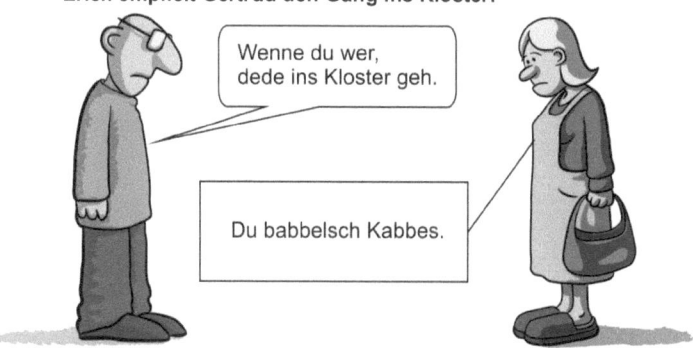

„Wenn ich du wäre, würde ich ins Kloster gehen."
„Du mit deinem blöden Gerede."

Kader, *Kater*
Kaffeeschiessl, *Kaffeetasse*
kahlgschore, *glattrasiert*
Kalbflaaisch, *Kalbfleisch*
kald, *kalt*

Kallener, *Kalender*
Kamifeger, *Kaminfeger*
Kamm gschdiege, *fassungslos*
kammer, *kann man*
Kanapee, *Sofa*

- **Ludwig verlagt nach seiner Kaffeetasse.**

„Gib mir meine Kaffeetasse."
„Ich bin doch nicht dein Dienstmädchen."

kannsch, *kannst du*
Kansdreiwlen, *Johannisbeeren*
Karacho, *hohes Tempo*
Karch, *Karre*
Kard, *Ticket, Karte*

kardle, *Karten spielen*
Karfreidaag, *Karfreitag*
Karree, *Viereck*
Kaschberle, *Kasper*
Kaschd, *Harke*

- **Walterchen fragt Oma, ob sie einen Kuchen backt.**

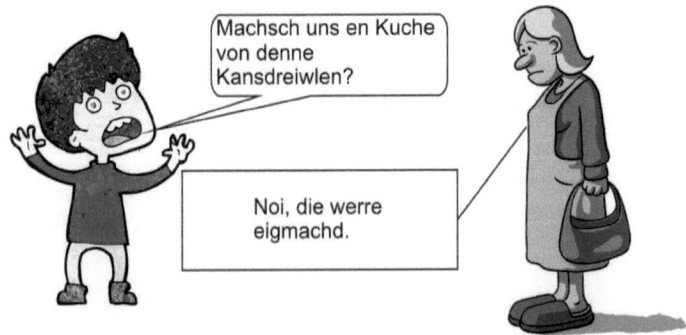

„Machst du uns einen Kuchen von den Johannisbeeren?"
„Nein, die werden eingekocht."

Katzewesch, *Katzenwäsche*
Kawenzmann, *großer Stein*
Kebbsele, *Schlauberger*
kechle, *leicht kochen, köcheln*
Kees, *Käse*

Keesbladd, *kleine Zeitung*
keeseleichd, *kinderleicht*
keesich, *blass*
Keffer, *Käfer*
Keffich, *Käfig*

- **Liesel erforscht das Hotelzimmer.**

„Hier ist gar keine Badewanne."
„Dann machen wir eben eine Katzenwäsche."

Keffle, *Tasse Kaffee*
Kehrwisch, *Kehrbesen*
Kehrwoch, *Kehrwoche*
Keidl, *Stück Brot*
Keks (uff d'), *nerven*

Kelble, *Kälbchen*
Kellergschdell, *Kellerregal*
Kellerschdaffel, *Kellertreppe*
kemme, *kämmen*
kennd'se, *kennt sie*

- **Walterchen ist heute schlecht gelaunt.**

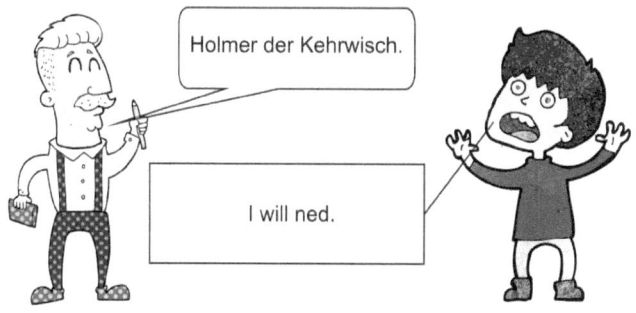

„Hol mir mal den Kehrbesen."
„Ich will nicht."

kenne, *können*
kennemer, *können wir*
Keppfer, *Kopfsprung*
Kerch, *Kirche*
Kerchhof, *Friedhof*

Kerdle, *Karte*
Kerschde, *Kirschen*
Kerwe, *Kirchweih*
kesch, *bar*
Keschdle, *Kästchen*

- **Elsbeth geht mit ihrem Mann auf die Kirchweih.**

„Hast du das gehört, wir gehen auf die Kirchweih."
„Das freut mich aber."

Ketzle, *Kätzchen*
khabd, *gehabt*
khaggd, *gehackt*
khausd, *gehaust*
kherd, *gehört*

khobbfd, *gehopft*
khobe, *gehalten*
khöre, *gehört*
kibbe, *kippen*
Kich, *Küche*

- **Walterchen soll das Kätzchen füttern.**

„Hol mal Milch für das Kätzchen."
„Wenn ich noch ein bisschen Fussball spielen darf."

Kichebiffee, *Küchenschrank*
Kichelichd, *Küchenlicht*
Kiddl, *Sacko*
kigge, *Fussball spielen*
kille kille, *kitzeln*

killere, *kitzeln*
Kilomeder, *Kilometer*
Kimmich, *Hahnenkamm*
Kina, *China*
Kinees, *Chinese*

- Liesel hat auf Omas Bitte eine zickige Antwort parat.

„Hol mal bitte das Brot aus dem Küchenschrank."
„Sonst noch etwas?"

Kinner, *Kinder*
Kinnerschdubb, *Kinderzimmer*
Kinnerschul, *Kindergarten*
Kinno, *Kino*
Kinnsmagd, *Kindermädchen*

Kirschebloddser, *Kirschkuchen*
Kischd, *Bett, Kiste*
Kittlschorz, *Kittelschürze*
Kiwwl, *Kübel*
kiwwle, *erbrechen*

- Traudel diskitiert mit Gertrud über Schürzen.

„Heute hat man doch keine Kittelschürze mehr an."
„Doch, du hast ja keine Ahnung, was modern ist."

Klappergestell, *magere Frau*
Klebber, *altes Pferd*
Klebberlesverooi, *unwichtiger Verein*
Kleddsle, *Bauklötzchen*
Kleffer, *bellender Hund, Kläffer*

Klohn, *Clown*
knabb, *knapp*
knabbe, *hinken*
Knaddle, *alter Knacker*
knalle, *schlagen*

- **Walterchen humbelt nach Hause.**

„Ich sehe dich schon wieder humpeln."
„Ich bin eben kurz hingefallen."

knalleng, *sehr eng*
knallvoll, *sehr voll*
knarre, *knarren*
Knepfle, *kleiner Junge*
Knode, *Knoten*

Knowwlich, *Knoblauch*
Knubbl, *Knoten*
knuddle, *umarmen*
Kobfkisse, *Kopfkissen*
kobiere, *kopieren*

- **Franz richt heftig aus dem Mund.**

„Du stinkst fürchterlich nach Knoblauch."
„Ich habe Hunger gehabt und die Wurst gegessen."

Kochleffl, *Kochlöffel*
Koddsbrogge, *Kotzbrocken*
koddse, *erbrechen*
Kogolores, *Unsinn*
Kohldampf, *Hunger*

koi, *kein*
koine, *keine*
Koller, *Wutanfall*
Kolwe, *große Nase*
Kombjuder, *Computer*

- Ludwig beobachtet einen Mann mit großer Nase.

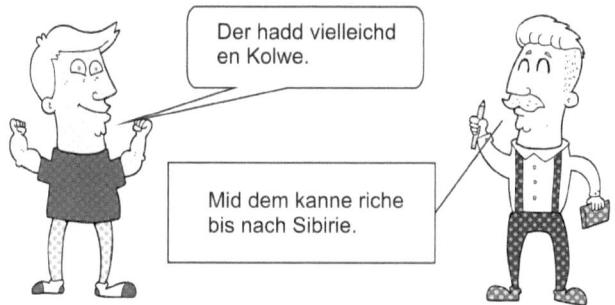

„Der hat aber eine große Nase."
„Mit der kann er riechen bis nach Sibirien."

Komblodd, *Komplott*
komboniere, *komponieren*
kommd, *kommt*
kommese, *kommen sie*
kommsch'n, *kommst du*

Körber, *Körper*
korz, *kurz*
Korze, *der Kurze*
korzgschdauchd, *kleinwüchsig*
kosch'd, *kostet*

- Liesel hat eine Absage für den Balettunterricht erhalten.

„Ich bin zu klein für das Ballett."
„Du bist eben kleinwüchsig und kannst das nicht machen."

Koschdepungd, *Kostenpunkt*
Koschdüm, *Kostüm*
krabbsle, *krabbeln*
Krageweid, *Kragenweite*
Kratzbirschd, *Kratzbürste*

kriegd, *bekommt*
Krischdedum, *Christentum*
Kron, *Krone*
Kuddl, *Lunge*
Kuddle, *Innereien*

- **Lotte gefällt Omas Gemecker nicht.**

„Du bist eine Kratzbürste."
„Ach nein, sag so etwas nicht."

kudschiere, *fahren*
Kuheider, *Kuheuter*
Kuhkaff, *kleines Dorf*
Kulduhr, *Kultur*
Kumbl, *Kumpel*

kumme, *kommen*
kummsch, *kommst*
Kunschd, *Kunst*
kunschdvoll, *kunstvoll*
Kupferdechle, *Rothaarige(r)*

- **Heiner sieht die Nachbarin kommen.**

„Die Rothaarige kommt um die Ecke."
„Ihre Haare leuchten zwei Kilometer weit."

kuraschierd, *mutig*
kurgle, *kullern*
Kurv, *Kurve*
Kusseng, *Cousin*
Kussine, *Kusine*

kwalme, *rauchen*
laabere, *quatschen, daherreden*
Laade, *Ladengeschäft, Fensterladen*
laadsche, *schlürfend gehen*
Laadsche, *Schuhe*

- **Traudel hat einen neuen Laden entdeckt.**

„Im Dorf hat ein neuer Laden eröffnet."
„Die verkaufen nur Schuhe."

laafd, *läuft*
laafe, *laufen*
laaider, *leider*
Labb, *Mund*
Labbeduddl, *lustloser Mensch*

Labbvoll, *Mundvoll*
Lackaffe, *Eingebildeter*
Ladderoschd, *Lattenrost*
Laddsche, *unbeholfener Mann*
Laddsche, *Vollrausch*

- **Elsbeth hat den Bäcker beobachtet.**

„Der Bäcker hatte schon wieder einen Vollrausch."
„Der lahme Kerl kann nicht anders."

Ladern, *Laterne*
Ladernepfoschde, *Laternenmast*
Laggl, *Lümmel*
Lahmarsch, *langsamer Mensch*
Laid, *Leid*

laider, *leider*
Lamberie, *Wandleiste*
lamendiere, *klagen*
lande, *landen*
Landkard, *Landkarte*

- **Traudel sieht eine Beule auf Erichs Stirn.**

„Bist du gegen den Laternenpfosten gelaufen?"
„Nein, gegen die Wandleiste."

Landschdrooß, *Landstraße*
langd's, *reicht es*
lange, *berühren*
lange, *(zu)reichen*
lasch, *fade*

Laschder, *Lastwagen, Laster*
Laschdwaage, *Lastwagen*
lasse, *lassen*
lauder, *lauter*
Lauser, *Lausbube*

- **Elsbeth fragt nach Weg.**

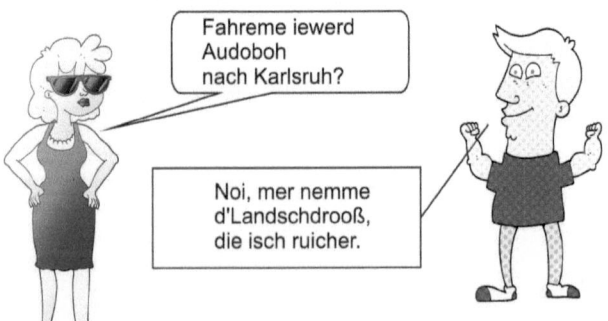

„Fahren wir über die Autobahn nach Karlsruhe?"
„Nein, wir nehmen die Landstraße, da ist es ruhiger."

Lausgrodd, *freches Mädchen*
Lausreche, *Kamm*
Leb, *Löwe*
lebberd sich, *kommt was zusamm.*
lebbere, *mit Wasser spielen*

Lebbkuche, *Lebkuchen*
Lebbtobb, *Laptop*
Lebensmiddl, *Lebensmittel*
ledds, *verkehrt, verrückt*
Leddschd (zu guter), *zum Schluss*

- **Gertrud kontrolliert Erichs Kleidung.**

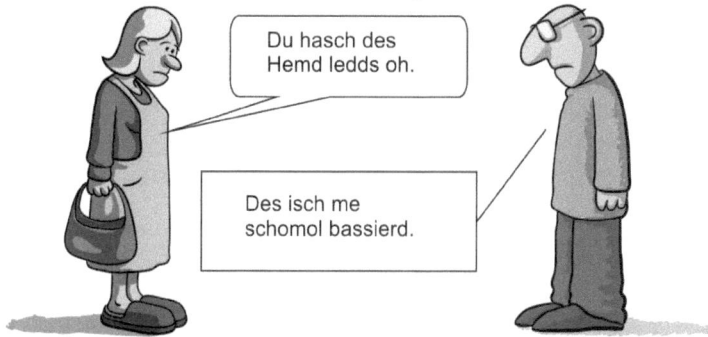

„Du hast dein Hemd verkehrt an."
„Das ist mir schon einmal passiert."

leddschd, *letzter*
leddschde, *letzte*
leddschdens, *neulich*
leddschdes Johr, *letztes Jahr*
leddschdmols, *letztes Mal*

ledschich, *weich*
Leffl (hinner'd), *hinter die Ohren*
Leffl, *Löffel*
Legg me, *du kannst mich…*
legge, *lecken*

- **Elsbeth ist frustriert.**

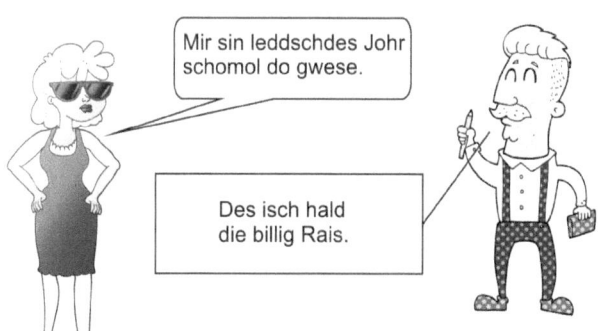

„Wir sind letztes Jahr schon einmal hier gewesen."
„Es ist eben die billige Reise."

lehne, *ausleihen*
Leible, *Leibchen*
leichd, *leicht*
Leid, *Leute*
Leinduch, *Bettlaken*

leis, *ungewürzt*
lenglich, *länglich*
lenn, *lassen*
lennse, *lassen sie*
lerne, *lernen*

- **Franz möchte seine Bettwäsche gewechselt haben.**

„Das Bettlaken könntest du auch mal wechseln."
„Du kommandierst mich nur herum."

lernsch, *lernst*
lese, *lesen*
Lewe (d'), *die Löwen*
Lewe, *Leben*
Lewerworschdbrod, *Leberwurstbrot*

Lewwerkees, *Leberkäse*
Libbeschdifd, *Lippenstift*
libbschde, *liebste*
Liddanei, *endlose Aufzählung*
Lidder, *Liter*

- **Wenn Frauen über Kolleginnen lästern.**

„Der Lippenstift ist viel zu leuchtend."
„Die Alte will eben auffallen."

lidderich, *liederlich*
liddrich, *schlecht, übel*
Lideradurrais, *Literaturreise*
lidsd, *lauert*
Liebbschd (d'), *die Liebste*

liefde, *lüften*
liege, *lügen*
Liegebeidl, *Lügner*
Liegeschditz, *Liegestütze*
liewer, *lieber*

- **Frauen unter sich.**

„Im Sommer muss man nachts lüften."
„Das mache ich nicht, da kommen ja Stechmücken herein."

ligge, *liegen*
Limmenaad, *Limonade*
linggs, *links*
linse, *abschauen*
Linsertord, *Linzer Torte*

Lobberle, *Dampfbahn*
lodderich, *ausgeleiert*
Loddl, *Tagelöhner*
Lottel, *unordentlicher Mensch*
lubbfe, *heben*

- **Walterchen muss sich immer die Hose hochziehen.**

„Mir rutscht meine Hose runter."
„Da ist eben das Gummi ausgeleiert."

Lufd, *Luft*
Luftbumb, *Luftpumpe*
Luftmadradds, *Luftmatratze*
lugg, *locker*
Lumbemensch, *durchtriebene Frau*

Lumbesammler, *letzter Zug*
Lumbeseggl, *Idiot*
lummelich, *lose*
lupfe, *heben*
Maaikeffer, *Maikäfer*

- **Traudel über ihre Nachbarin.**

„Die hat schon wieder einen neuen Freund."
„Sie ist eben eine durchtriebene Frau."

machd, *macht*
mache, *machen*
machschs, *machst du es*
maddschle, *im Matsch spielen*
Madradds, *Matratze*

Madscho, *Macho*
Magge, *Macke*
Magroni, *Makkaroni*
maischdens, *meistens*
Maleschde, *Beschwerden*

- **Lotte regt sich über ihre spielenden Kinder auf.**

„Die Kinder spielen im Dreck."
„Das ist doch nicht schlimm, die Wäsche kann man doch waschen."

mallad, *krank*
Maller, *Malheur*
Mamakindle, *Muttersöhnchen*
mambfe, *genüsslich essen*
Mamme (d'), *Mutter, Mama*

Mandle, *Mandeln*
Mangl, *Mangel*
Maschie, *Maschine*
Mauldasche, *Maultaschen*
Maulschell, *Ohrfeige*

- Walterchern freut sich schon auf das Mittagessen.

„Meine Mutter macht Maultaschen."
„Die kann meine auch machen."

mauschle, *aushecken*
mause, *stehlen*
Mebble, *Federtasche*
Mebl, *Möbel,*
Meder, *Meter*

Meedle, *Mädchen*
meege, *mögen*
meh, *mehr*
Mehlkischd, *Mehlkiste*
mehner, *mehr*

- Heiner beschwert sich bei seinem Freund.

„Ich dachte, du bist mein Freund, jetzt heckst du mit der anderen etwas aus."
„Wir haben nur über das Wetter gesprochen."

mei, *mein*
Meierle, *Mauer*
Meis, *Mäuse (Plural)*
Meisle, *Maus (auch als Kosewort)*
Menner, *Männer*

Menschenskinner, *Empörung*
mer derf, *man darf*
mer, *mir, mit, man*
mid, *mit*
Middag, *Mittag*

- **Erich muss sein Ungeschick beichten.**

„Mir ist deine Blumenvase hinuntergefallen."
„Mensch, warum passt du denn nicht auf?"

Middagesse, *Mittagessen*
midde, *mit den*
Midde, *Zentrum*
middedrin, *mittendrin*
Middele, *Mittelchen*

middemang, *inmitten*
middenei, *mittenrein*
Midderle, *Mütterchen*
Midds, *Mütze*
midemm, *mit einem*

- **Elsbeth hat ihre Mutter ins Altersheim gebracht.**

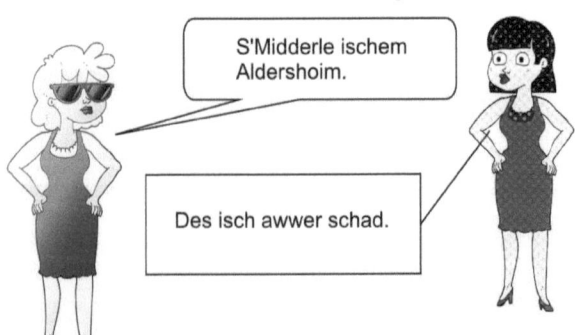

„Das Mütterchen ist im Altersheim."
„Das ist aber schade."

midere, *mit einer*
midgange, *mitgegangen*
midgebrochd, *mitgebracht*
midkriege, *mitbekommen*
Midlaaid, *Mitleid*

mied, *müde*
Millich, *Milch*
Millichkennle, *Milchkännchen*
mindeschdens, *mindestens*
Minudd, *Minute*

- Traudel schickt Walterchen Milch holen.

„Pass auf und lass das Milchkännchen nicht fallen."
„So dumm bin ich jetzt auch wieder nicht."

mir, *wir*
Mischdgawl, *Mistgabel*
Mischdhaufe, *Misthaufen*
Mischdkerl, *Mistkerl*
Modehrle, *Motörchen*

Modohr, *Motor*
Modohrrad, *Motorrad*
Moggele, *Dickerchen*
moine, *meine*
Moischder, *Meister*

- Ludwig bewundert das Baby im Kinderwagen.

„Das ist aber mal ein Dickerchen."
„Du hast Recht, der Kinderwagen ist fast zu klein."

mol, *einmal*
Molerberschd, *Malerbürste*
mondiere, *montieren*
Moneede, *Geld*
mooine, *meinen*

Moores, *Respekt*
Mordsbrand, *Riesendurst*
Mordsdusel, *großes Glück*
Mordsgschefd, *großes Geschäft*
morge, *morgen*

- **Erich wünsch sich einfach mehr Geld.**

„Wenn ich nur mehr Geld hätte."
„Und dann würdest du auch mit dem Mostkrug in den Keller gehen."

Moschd, *Most*
Moschdgrug, *Mostkrug*
Moschdkopf, *großer Kopf*
Mudder, *Mutter*
Muffesause, *Angst*

muffle, *stinken*
muffzig, *muffig*
Mugg, *Fliege*
Muggebadscher, *Fliegenklatsche*
Muggeflugbladds, *Glatze*

- **Ludwig ärgert Franz mit seiner Klatze.**

„Du hast ja schon eine Glatze."
„Halt deine Schnauze, du Dummschwätzer."

Muggefugg, *Kaffeeersatz*
Muggeschiss, *Kleinigkeit*
muggsmeislestill, *mucksmäus.still*
murre, *murren*
musch, *musst du*

muschdere, *mustern*
Muschgle, *Muskeln*
musch's, *du musst es*
Mussig, *Musik*
naa, *hin*

- Erich stört der unsaubere Tisch.

„Hier liegen noch Brotkrümel."
„Du siehst auch jede Kleinigkeit."

nabebbe, *hinkleben*
nachananner, *nacheinander*
Nachdgrabb, *Nachtrabe*
Nachdheffele, *Nachttopf*
Nachdischlemble, *Nachttischlampe*

Nachdwechder, *Nachtwächter*
nadierlich, *natürlich*
naggarschig, *mit nacktem Hintern*
naggich, *nackt*
narred, *verrückt*

- Erwachsene sprechen immer Drohungen aus.

„Wenn du jetzt nicht aufhörst zu weinen, kommt der Nachtrabe."
„Mit dem wollt ihr Großen uns Kindern nur Angst einjagen. Mit mir nicht!"

Nasebär, *Spinner*
naseweis, *neugierig*
naus, *hinaus*
nausgeh, *hinausgehen*
nausschmeiße, *hinauswerfen*

nauszus, *nach draußen*
Nawel, *Nabel*
ned ofd, *nicht oft*
ned, *nicht*
nedemol, *nicht einmal*

- **Heute will Heiner alte Möbel entsorgen.**

„Schau, das Sofa kann ich doch hinauswerfen."
„Du bist ein Spinner, das kannst du doch noch behalten."

needich, *nötig*
neeher, *näher*
Nehkerble, *Nähkorb*
Nehnodl, *Nähnadel*
nei, *hinein*

neibassd, *hineingepasst*
Neiberg, *Neuenbürg (Dorf)*
neidabbe, *hineintreten*
neie, *neue*
neifinne, *hineinfinden*

- **Traudel ist von ihrem neuen Freund endtäuscht.**

„Ich habe geglaubt, der will mich als Frau und nicht als Putzfrau."
„Jetzt bist du eben hereingefallen."

neigedabbd, *hereingefallen*
neigehe, *hineingehen*
neiglebbere, *hineinrühren*
neigrasd, *hineingerast*
Neigschmeggder, *Zugezogener*

neihauge, *hineinhauen*
neihuife, *einparken*
neilege, *täuschen*
neimische, *einmischen*
neipferche, *hineindrücken*

- **Lotte kämpft mit ihrem Schrank.**

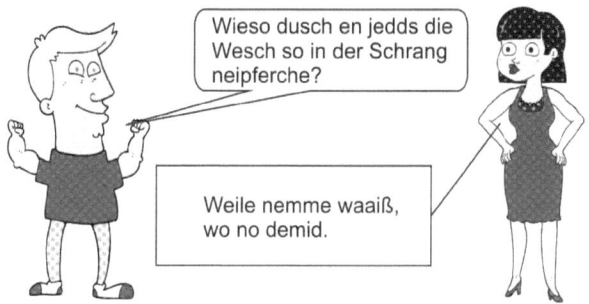

„Wieso drückst du die Wäsche so in den Schrank hinein?"
„Weil ich nicht mehr weiß, wohin damit."

neischde, *hineinstehen*
neischlage, *hineinschlagen*
neischmeiße, *hineinwerfen*
nemme, *nicht mehr*
nemmsch, *nimmst du*

Neschd, *Nest*
newohr, *nicht wahr*
newwedra, *nebendran*
newwelich, *neblig*
newwenaus, *daneben*

- **Neidisches Gespräch über eine Nachbarin.**

„Die setzt sich ins gmachte Bett."
„Ja, einen mit viel Geld findet sie so schnell nicht mehr."

newweno, *direkt daneben*
newwer, *daneben*
newwernanne, *nebeneinander*
Niggerle, *Schläfchen*
nimmeh, *nicht mehr*

Niss, *Nüsse*
niwwer, *hinüber*
niwwezus, *nach drüben*
nix, *nichts*
nobleddere, *hinblättern*

- **Traudel hat sich ein neues Bett ausgesucht.**

„Für das neue Bett muss ich ganz schön etwas hinblättern."
„Gebraucht wäre es billiger gewesen."

nobiege, *hinbiegen*
nobloddsd, *hingestürzt*
nobringe, *hinbringen*
nochäffe, *nachäffen*
nochahme, *nachahmen*

nochananner, *nacheinander*
nochbäffze, *nachsprechen*
Nochber, *Nachbar*
nodeigsle, *zu Ende bringen*
nodricke, *hindrücken*

- **Lotte erzählt von einem Bekannten.**

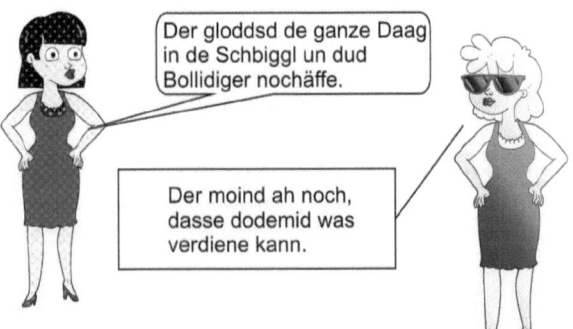

„Der schaut den ganzen Tag in den Spiegel und ahmt Politiker nach."
„Der meint auch, dass er damit etwas verdienen kann."

nofliege, *hinfallen*
nogedackeld, *hingelaufen*
nogezirgeld, *genau hinbekommen*
noi, *nein*
nolange, *hinfassen*

noligge, *hinliegen*
nomeh, *noch mehr*
nomol, *noch einmal*
nonned, *noch nicht*
nor, *dann*

- **Erich kommt gerade vom Nachdienst.**

„Willst du dich noch nicht hinlegen?"
„Gleich, ich muss nur noch das Tor schließen."

nore (mach), *beeil dich*
norr, *nur*
noschmeiße, *hinwerfen*
Nowed, *Guten Abend*
nuddle, *dick füttern*

nuff, *hinauf*
nuffgraggsle, *hochklettern*
nuffziege, *hochziehen*
nuffzus, *aufwärts*
nuggle, *nuckeln*

- **Liesel hat Probleme mit ihrer Nase.**

„Wieso ziehst du denn immer die Nase hoch?"
„Weil ich kein Taschentuch habe."

numme heid, *nur noch heute*
numme ned, *nur nicht*
nummgugge, *herumschauen*
nunne geh, *hinuntergehen*
nunner, *hinunter*

nunnerhenge, *hinunterhängen*
nunnerschlugge, *hinunterschlucken*
nunnerzus, *nach unten*
Nuudl, *Nudel*
o'keiert, *angeheiratet*

- **Erich hat seine Prüfung vermasselt.**

Lass de Bard ned so nunnerhenge.

Wemmer durch e Briefung rasseld, dann ischs hald so.

„Lass den Bart nicht so herunterhängen."
„Wenn man durch die Prüfung fällt, dann ist das so."

obaggere, *anbaggern*
Obau, *Anbau*
obaue, *anbauen*
Obba, *Opa*
Obbachd, *Achtung*

obiede, *anbieten*
obrode, *anbraten*
Obschdler, *Obstler*
Ochseaug, *Spiegelei*
odder, *oder*

- **Heute gibt es bei Traudel ein schnelles Mittagessen.**

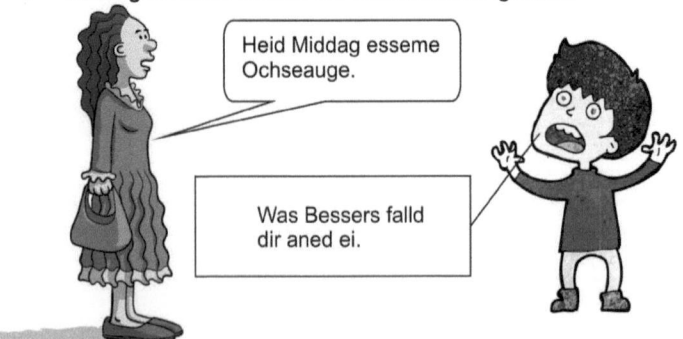

Heid Middag esseme Ochseauge.

Was Bessers falld dir aned ei.

„Heute Mittag essen wir Spiegeleier."
„Etwas Besseres fällt dir auch nicht ein."

Odenge, *Andenken*
Ofall, *Anfall*
Ofang, *Anbeginn*
Ofangsloh, *Anfangslohn*
offe, *offen*

Ofiehrer, *Anführer*
ofresse, *anfressen*
Ofrog, *Anfrage*
Ogebod, *Angebot*
ogedidde, *angedeutet*

- Lotte hat endlich eine Stelle gefunden.

„Mein Anfangslohn ist eben nicht groß."
„Maule nicht herum."

ogedrungge, *angetrunken*
ogeegeld, *angeekelt*
ogegliederd, *angegliedert*
ogewwe, *angeben*
ogfresse, *angefressen*

oggse, *schuften*
Oggsekarre, *Ochsenkarren*
oghenkd, *angehängt*
ogmesse, *angemessen*
ognehm, *angenehm*

- Traudel hatte eine unangenehme Untersuchung.

„Die Untersuchung war nicht angenehm."
„Was hast du denn erwartet, wenn du in so eine Röhre musst?"

ognumme, *angenommen*
ogregd, *angeregt*
ogreife, *angreifen*
ogsagd, *angesagt*
ogschlage, *angeschlagen*

ogschriewe, *angeschrieben*
ogseh, *angesehen*
ogseiseld, *angesäuselt*
ogwehne, *angewöhnen*
ogwisse, *angewiesen*

- **Gertrud schwelgt in der Erinnerung.**

„Früher haben sie im Laden angeschrieben."
„Und heute musst du bereits zahlen, wenn du die Tür aufmachst."

ogwurzeld, *angewurzelt*
ohaize, *anheizen*
ohalde, *anhalten*
Ohalder, *Anhalter*
Ohaldspungd, *Anhaltspunkt*

ohbagge, *anbacken*
ohbahne, *anbahnen*
ohbeiße, *anbeißen*
ohbendle, *anbandeln*
ohbhalde, *anbehalten*

- **Franz lässt einfach seine Jacke an.**

„Das Sacko kannst du anbehalten."
„Was du nicht sagst."

ohbiedere, *anbiedern*
ohbinne, *anbinden*
Ohblick, *Anblick*
ohblinzle, *anblinzeln*
ohbohre, *anbohren*

ohbreche, *anbrechen*
ohbreune, *anbräunen*
ohbringe, *anbringen*
Ohdachd, *Andacht*
ohdauere, *andauern*

- **Traudel war in der Kirche.**

„Ich war heute in der Kirche."
„War die Andacht schön?"

ohehre, *anhören*
ohenglich, *anhänglich*
ohfahre, *anfahren*
Ohfall, *Anfall*
ohfasse, *anfassen*

ohfauche, *anfauchen*
ohfechde, *anfechten*
ohfeichde, *anfeuchten*
ohfeiere, *anfeuern*
ohferdige, *anfertigen*

- **Kinderstreitereien!**

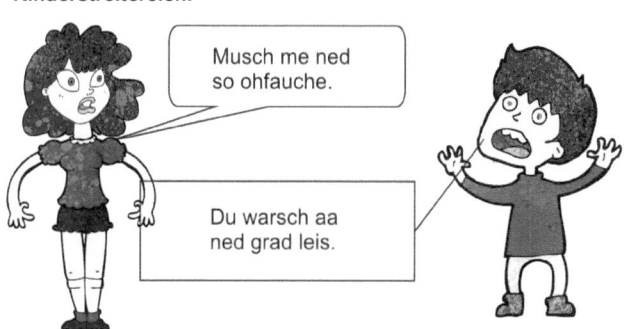

„Du brauchst mich nicht so anfauchen."
„Du warst auch nicht gerade leise."

ohfiege, *anfügen*
ohfordere, *anfordern*
ohfreinde, *anfreunden*
ohfroge, *anfragen*
ohgebunne, *angebunden*

ohgedienschd, *angedünstet*
ohgedrehd, *angedreht*
ohgedrohd, *angedroht*
ohgegosse, *angegossen*
ohgegurd, *angegurtet*

- **Ludwig und Lotte pflanzen Blumen ein.**

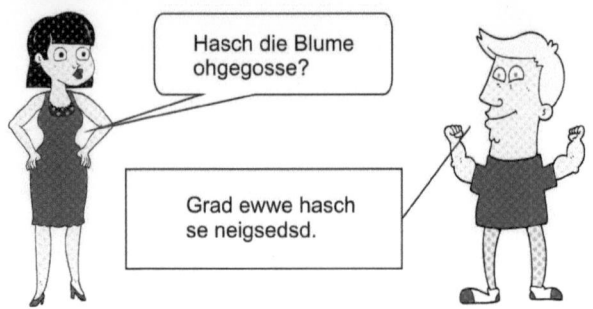

„Hast du die Blumen schon angegossen?"
„Gerade eben hast du sie erst eingesetzt."

ohglodze, *anblicken*
ohimmle, *anhimmeln*
ohjesses, *ojemine*
ohkaafe, *ankaufen*
ohkreide, *ankreiden*

ohphalde, *anbehalten*
ohschmiere, *täuschen*
ohschreie, *anbrüllen*
ohzinne, *anzünden*
Oibeddzimmer, *Einbettzimmer*

- **Elsbeth fühlt sich beobachtet.**

„Was siehst du mich denn so an?"
„Halt den Mund."

oidermlig, *armselig*
oifach, *einfach*
Oimederbredd, *Einmeterbrett*
Oimer, *Eimer*
oimol, *einmal*

oiner lasse, *furzen*
oinerhalb, *eineinhalb*
oins, *eins*
Oinser, *Eins (Schulnote)*
Omma, *Oma*

- **Getrud sieht ein ausgetrocknetes Beet.**

„Hole mir einen Eimer Wasser."
„Nimm doch den Schlauch."

oodopse, *anfassen*
oofeiere, *anfeuern*
oofreinde, *anfreunden*
oogedrungge, *angetrunken*
oogeekeld, *angeekelt*

Oogewer, *Angeber*
ooglage, *anklagen*
oogligge, *anklicken*
ooglodze, *anglotzen*
oognabbere, *anknabbern*

- **Liesels Neugierde belauert einen Karton.**

„Der Onkel hat einen Karton mitgebracht."
„Der gehört der Oma."

oognehm, *angenehm*
oognumme, *angenommen*
oogregd, *angeregt*
oogsagd, *angesagt*
oogschlage, *angeschlagen*

oogschriewe, *angeschrieben*
oogseh, *angesehen*
oogseiseld, *angesäuselt*
oogwehne, *angewöhnen*
oogwisse, *angewiesen*

- **Elsbeth bittet um Hilfe.**

„Ich bin auf deine Hilfe angewiesen."
„Das habe ich mir schon gedacht."

oohenglich, *anhänglich*
ookauge, *anhauen*
Ookerige, *Angehörige*
ookindige, *ankündigen*
ookumme, *ankommen*

ookurble, *ankurbeln*
oolange, *anfassen*
oopflaume, *anmachen*
ooranze, *anschnauzen*
ooschdrenge, *anstrengen*

- **Erich muss an dem Schrank vorbei.**

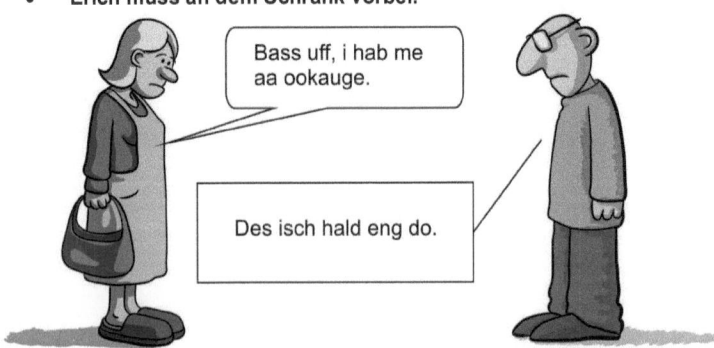

„Pass auf, ich habe mich hier auch angeschlagen."
„Es ist eben eng hier."

ooschugge, *anschieben*
Oowed, *Abend*
Oowedesse, *Abendessen*
Oowedmol, *Abendmahl*
oozapfe, *anzapfen*

Oraasch, *Orange*
Orschl, *dumme Frau*
owwe, *oben*
owwedraus, *sehr aufgeregt*
owwedruff, *obendrauf*

- **Walterchen wurde von seiner Oma ausgeschimpft.**

„Meine Oma ist heute sehr aufgeregt."
„Da muss ich ja googlen, wenn ich wissen will, was das ist."

owwenaus, *oben hinaus*
Owwerleinduch, *Überlaken (Bett)*
Owweroise, *Oberöwisheim (Dorf)*
pagge, *packen*
Palm, *Palme*

paraad, *bereit*
Parterr, *Erdgeschoss*
partu, *unbedingt*
peddo, *bereit, in Petto*
Peederling, *Petersilie*

- **Das typische Hausfrauengesspräch.**

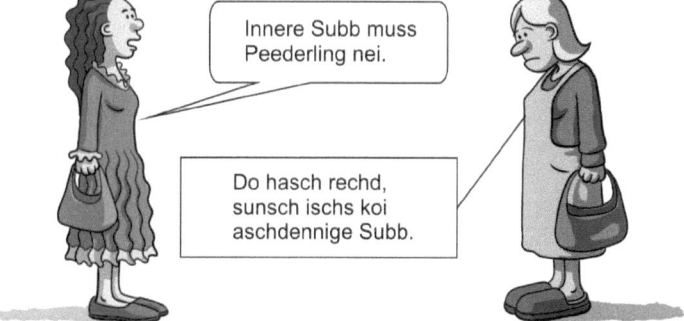

„In eine Suppe muss Petersilie rein."
„Da hast du Recht, sonst ist es keine richtige Suppe."

Peggle, *Päckchen*
Peggleschnur, *Paketschnur*
Pehrle, *Pärchen*
pehse, *schnell fahren*
Pfannedegl, *Pfannendeckel*

Pfannekuche, *Eierkuchen*
Pfannkuche, *Berliner (Krapfen)*
pfeddse, *zwicken*
pfedds me, *zwicke mich*
pfeffere, *mit Schwung werfen*

- **Liesel wehrt sich.**

„Warum zwickst du mich?"
„Weil du mich ausgelacht hast."

Pfeifedeggl, *Pech gehabt*
Pfipfes, *Erkältung*
Pflanschkuh, *unangenehme Frau*
pfleddschere, *stark regnen*
Pflenzle, *Pflänzchen*

Pflunds, *dicke Frau*
Pfordse, *Pforzheim (Stadt)*
pfuhse, *Luft entweichen*
phalde, *behalten*
phald's, *behalte es*

- **Heiner ist vom Regen frustriert.**

„Seit heute Morgen regnet es ununterbrochen stark."
„Deshalb sieht man keinen Menschen auf der Straße."

phaubde, *behaupten*
piegse, *pieksen*
Pordmoneh, *Geldbeutel*
Poschdkard, *Postkarte*
Quadrad, *Quadrat*

Quadradlaadsche, *große Schuhe*
Quasselschdribb, *Vielrednerin*
Quetschkommod, *Akkordeon*
Raaicherofe, *Räucherofen*
Raaife, *Reifen*

- Ludwig plaudert aus dem Nähkästchen.

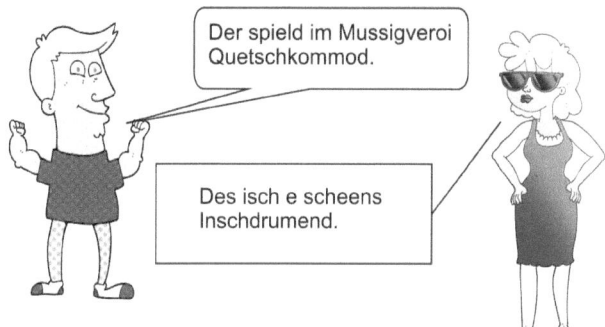

„Der spielt im Musikverein Akkordeon."
„Das ist ein schönes Instrument."

raaize, *reizen*
Rabauge, *Rabauke*
Rabbl, *Zorn*
rabblderr, *sehr dünn*
rabelle, *pinkeln*

Rachebuddser, *Schnaps*
Rackerer, *Arbeitstier*
Raddegiggl, *miserabler Wein*
Raddeschwenz, *Zöpfe*
raddsebudds, *vollständig*

- Franz hat einen heftigen Kater.

„So einen miserablen Wein habe ich schon lange nicht mehr getrunken."
„Ich habe dir ja gleich gesagt, du sollst nicht hingehen."

Raddsefummel, *Radiergummi*
Raddsl, *Radiergummi*
Radiesle, *Radieschen*
Raffl, *Mund*
raggere, *ackern*

Raggerei, *Plackerei*
Rahmbleddle, *Kartoffelscheiben*
Raii, *Reihe*
Rais, *Reise*
Ramschlaade, *Ramschladen*

- **Die Boutique und ihr Angebot im Damengespräch.**

„Das ist aber ein Ramschladen geworden."
„Die Kleider sind auf einmal alle altbacken."

Randse, *Bauch*
Randse, *Schulranzen*
Randsebliddse, *Bauchschmerzen*
Rang, *Kurve*
Rangge, *Scheibe Brot*

ranschiere, *rangieren*
raschble, *raspeln*
raschle, *rascheln*
rasiere, *rasieren*
Rassl gehe, *um die Häuser ziehen*

- **Erich geht es heute gar nicht gut.**

„Oh, habe ich Bauchschmerzen!"
„Du darfst nicht so kalt trinken."

raus, *heraus*
Rausgeld, *Wechselgeld*
rausgewwe, *herausgeben*
rauskumme, *herauskommen*
rausmache, *herausmachen*

reagiere, *reagieren*
rebberiere, *reparieren*
rebbich, *ungepflegt*
Rebbskischd, *alte Kiste (Auto)*
rechd, *recht*

- **Das alte Auto von Franz ist unzuverässig.**

„Die alte Kiste ist wieder nicht angesprungen."
„Wirf sie weg."

reddse, *reizen*
reddsich, *reizbar*
Reder, *Räder*
Redle, *Scheibe Wurst*
redle, *Schnittmuster ausrädeln*

reduhr, *retour*
Reff, *magere Frau*
Rehrle, *Röhrchen*
Rehrleshose, *Röhrenjeans*
rei, *herein*

- **Lotte und Liesel beim Fleischer.**

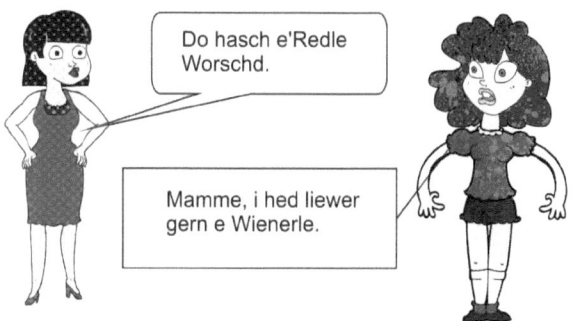

„Hier hast du eine Scheibe Wurst."
„Mama, ich hätte lieber gerne ein Wiener Würstchen."

reide, *reiten*
Reigschmeggde, *Zugezogene*
reinschneie, *unverhofft besuchen*
Reißdeifl, *Reißteufel*
Reißer, *neuer Wein*

Reißnegl, *Reißnägel*
renne, *rennen*
rennsch, *rennst du*
reschbegdiere, *respektieren*
Ribbeleskuche, *Streuselkuchen*

- **Walterchen hat seine Hose kaputt gemacht.**

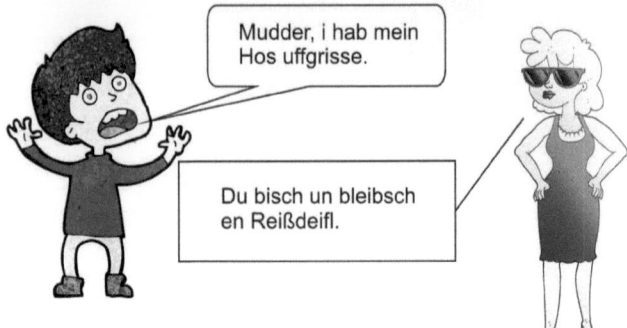

„Mutter, ich habe mein Kleid aufgerissen."
„Du bist und bleibst ein Reißteufel."

Ribbele, *Flusen*
Ribble, *Schweinerippchen*
richde, *richten*
richdich, *richtig*
Rieb, *Rübe*

Rieme, *Riemen*
Rieraaier, *Rühreier*
Rierschiessel, *Rührschüssel*
Riewe, *Rüben*
Rieweagger, *Rübenacker*

- **Gertrud hat noch nicht die gute Stube gesaugt.**

„Hast du die Flusen nicht gesehen?"
„Ich hatte noch keine Zeit."

riggwerds, *rückwärts*
Rindvieh, *Rindvieh (Schimpfwort)*
ringe, *wringen*
rinne, *rinnen*
Ripp, *streitsüchtige Frau*

riwwer, *herüber*
riwwezus, *hier herüber*
robfe, *rupfen*
rod, *rot*
Roddsbrems, *Schnurrbart*

- Heiner war beim Barbier.

„Hast du deinen Schnurrbart gestutzt?"
„Es war an der Zeit, der hing schon in die Suppe rein."

rode, *raten*
Rodhaus, *Rathaus*
Rodzlöffl, *frecher Junge*
Rogg, *Rock*
Rolle mache, *pinkeln*

Roschd, *Rost*
Rosebebbele, *Rosenkohl*
Roseschdogg, *Rosenstock*
Rossbolle, *Pferdeapfel*
Rudschboo, *Rutschbahn*

- Walterchen war auf dem Spielplatz.

„Auf dem Spielplatz ist eine neue Rutschbahn."
„Und kann man gut runterrutschen?"

ruff, *herauf*
rugge, *rücken*
ruggle, *wackeln*
Ruggler, *Stoß*
ruich, *ruhig*

rumalbere, *herumalbern*
Rumbelkammer, *Abstellkammer*
rumbiege, *umbiegen*
rumdalge, *dauernd anfassen*
rumdruggse, *drumherum reden*

- **Franz jammert bei seiner Mutter über seine Frau.**

„Als ich wissen wollte, wo sie so lange war, hat sie nur drumherum geredet."
„Sie hat bestimmt etwas zu verheimlichen."

rumfaggle, *nicht zur Sache kommen*
rumfahre, *herumliegen*
rumfissle, *feine Arbeit verrichten*
rumfuchdle, *gestikulieren*
rumgaggse, *herumstottern*

rumgaischdere, *umhergeistern*
Rumgehoppse, *Hüpferei*
Rumgfumml, *andauernde Putzerei*
rumgrebbse, *nichts fertig bringen*
rumgugge, *umschauen*

- **Lotte berichtet von der Schlampigkeit ihres Sohnes.**

„Das ganze Bett liegt voller Kleider."
„Der lässt eben alles herumliegen."

rumgurge, *umherfahren*
rumhamble, *Blödsinn machen*
rumkerchle, *umherfahren*
rumkuttschiere, *umherfahren*
rumlaabere, *labern*

rumlimmle, *lümmeln*
rumloddle, *schlampig gekleidet*
rummache, *herummachen*
rumschdaggse, *herumreden*
rumschdiffle, *umherstiefeln*

- **Omas pragmatische Ratschläge.**

„Das Kind stiefelt nur herum."
„Sei froh, dann stellt er schon nichts an."

rumscheese, *umherfahren*
rumschoore, *umgraben*
rumse, *krachen*
rumstehe, *herumstehen*
rumunnum, *kreuz und quer*

rumwurschdle, *herumwursteln*
rumwussle, *herumwuseln*
rumzaggere, *zäh verhandeln*
rundoggdere, *experimentieren*
runner lafe, *hinunterlaufen*

- **Ludwig ist voller Unruhe.**

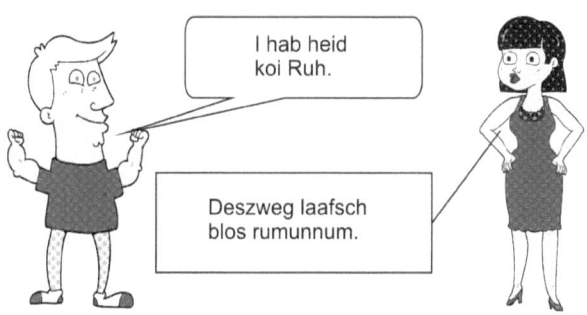

„Ich habe heute keine Ruhe."
„Deswegen läufst du nur kreuz und quer."

runner, *herunter, hinunter*
runnerbuddse, *abkanzeln*
runnerfliege, *herunterfliegen, fallen*
runnerhagle, *herunterfallen*
runnerkhageld, *heruntergefallen*

runnermache, *abkanzeln*
runnerschmeiße, *hinunterwerfen*
runnerzus, *nach unten*
Saaich, *Urin*
Saaichblum, *Löwenzahn*

- **Traudel stattet einen Geburtstagsbesuch ab.**

„Freut mich, dass du zum Kaffee gekommen bist."
„Hier hast du ein bisschen Löwenzahn für deine Hasen."

Saaichbrih, *miserabler Kaffee*
saaiche, *pinkeln*
saaichnass, *durchnässt*
saaichwarm, *lauwarm*
Saaifebecher, *Seifenbecher*

Saaifesieder, *langsamer Mensch*
Saailboh, *Seilbahn*
Sach, *Angelegenheit*
safdich, *heftig*
Safdiche gschmierd, *geohrfeigt*

- **Franz fragt nach seinem neuen Arbeitsvertrag.**

„Ist das mein neuer Vertrag, Chef?"
„Die Angelegenheit lassen wir noch ein wenig ruhen."

Safdlaade, *schlechtes Geschäft*
Saggzemend, *Fluch*
Saladbschdegg, *Salatbesteck*
Saladschiessl, *Salatschüssel*
Salzflaaisch, *Salzfleisch*

sandle, *im Sand spielen*
Sauerampfer, *saurer Wein*
saugladd, *sehr glatt*
Saugribbl, *elender Kerl*
Saugschefd, *große Arbeit*

- Elsbeth zeigt ihr Geburtstagsgeschenk.

„Das ist meine neue Salatschüssel."
„Und von mir bekommst du ein Salatbesteck dazu."

saukald, *sehr kalt*
saumeeßich, *ganz schlecht*
sauwer, *sauber*
Schachdl, *alte Frau, Schachtel*
schaddich, *ziemlich kalt*

schaffd me, *schafft mich*
schaffe, *tun*
schbachdle, *viel essen*
Schbaddse, *Spatzen*
Schbargl, *Spargel*

- Erich nervt das Getuschel seiner Nachbarin.

„Die schafft mich mit ihrem Geschwätz."
„Lass sie doch, die alte Schachtel."

Schbarkass, *Sparkasse*
Schbarre, *Balken*
schbed, *spät*
schbeder, *später*
Schbeedsi, *Spezi*

schbeere, *sperren*
Schbeicher, *Speicher*
Schbeidele, *Anfeuerholz*
Schbeisekard, *Speisekarte*
Schbessle, *Spaß*

- **Walterchen sitzt der Schalk im Nacken.**

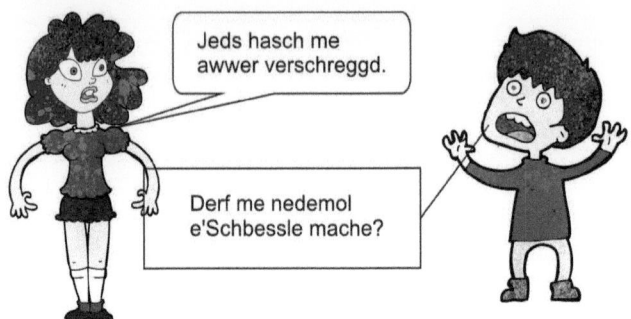

„Jetzt hast du mich aber erschreckt."
„Darf man nicht einmal einen Spaß machen?"

Schbetzlesschwob, *Schimpfwort*
Schbiddsbuwe, *Spitzbuben*
Schbiddsle, *Penis (beim Kind)*
schbield, *spielen*
Schbielmiddel, *Spülmittel*

Schbielsach, *Spielzeug*
Schbiggl, *Spiegel*
schbiggle, *ausspähen*
Schbinad, *Spinat*
Schbinadwachtel, *hässliche Frau*

- **Elsbeth gefällt Heiners Frisur nicht.**

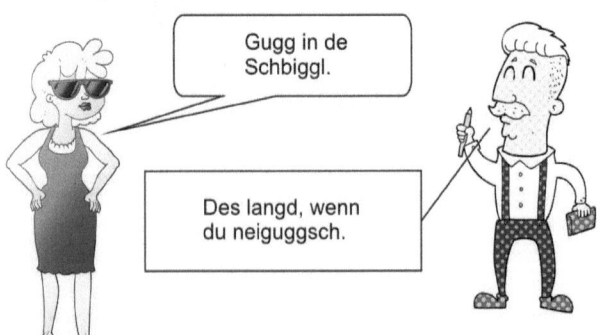

„Schau in den Spiegel."
„Es reicht, wenn du hineinschaust."

Schbinnehuddle, *Spinnweben*
Schbord, *Sport*
Schbreisl, *Holzsplitter*
Schbridds, *Spritze*
Schbrudl, *Mineralwasser*

schbugge, *spucken*
schbure, *spuren*
schbursch, *gehorchst*
Schdaadsteader, *Staatstheater*
Schdaainer, *Steine*

- Gertrud hat sich leicht verletzt.

„Mist, ich habe einen Holzsplitter in Finger."
„Du wirst jetzt nicht gleich zum Arzt gehen wollen."

Schdaainzeid, *Steinzeit*
schdabilisiere, *stabilisieren*
Schdachelbeere, *Stachelbeeren*
Schdadd, *Stadt*
Schdaddaail, *Stadtteil*

Schdaddbloo, *Stadtplan*
Schdaddgarde, *Stadtgarten*
schdadds, *anstatt*
schdaggse, *stottern*
Schdall, *Stall*

- Walterchen möchte auch mit der Oma in den Zoo.

„Ich gehe mit meiner Oma in den Stadtgarten zu den Giraffen."
„Darf ich mit?"

Schdampfer, *dicke Füße*
Schdard, *Start*
schdauche, *stauchen*
schdaune, *staunen*
schdeche, *stechen*

schdeggd, *steckt*
schdegge, *aufhören*
schdegg's, *hör auf damit*
Schdeggzwiebeln, *Steckzwiebeln*
Schdehbladds, *Stehplatz*

- **Traudel weigert sich in der Straßenbahn ein Platz einzunehmen.**

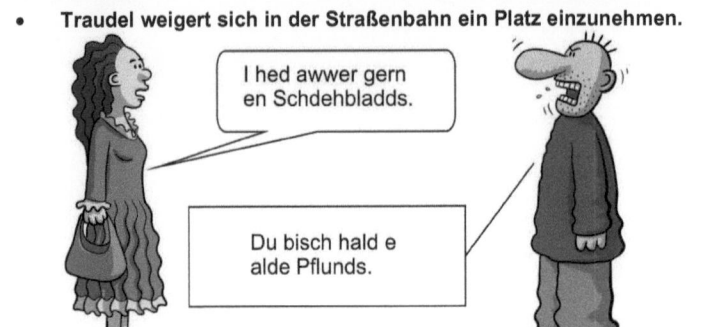

„Ich hätte aber gerne einen Stehplatz."
„Du bist eben eine etwas unbewegliche Frau."

Schdehkrage, *Stehkragen*
schdeibere, *abstützen*
schdeil, *steil*
Schdellasch, *wackliger Gegenstand*
schdelle, *stellen*

schdellsch, *stellst*
Schdembfl, *dickes Bein*
schdemme, *hochheben*
schdempfle, *stempeln*
schderbsch, *stirbst*

- **Ludwig bwundert Lottes Beine.**

„Du hast aber dicke Beine."
„Willst du mich beleidigen?"

Schdernegugger, *Sternengucker*
schderwe, *sterben*
schdibbfle, *anstiften*
schdibiddsd, *stibitzt*
schdibiddse, *stibitzen*

Schdifd, *Stift, Lehrling*
Schdiffl, *Stiefel*
Schdigg, *Stück*
Schdigger, *Stücke*
Schdobb, *Stopp*

- **Elsbeth ist am verlieren und will nicht mehr.**

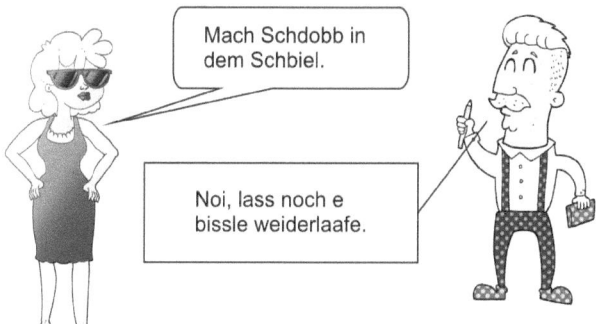

„Hör auf mit dem Spiel."
„Nein, lass noch ein bisschen weiterlaufen."

schdobbe, *stoppen*
Schdobbfer, *Stöpsel*
Schdoff, *Stoff*
Schdoffel, *unsensibler Mensch*
Schdogg, *Stock*

Schdooi, *Stein*
schdorniere, *stornieren*
Schdraaich, *Schläge*
schdraaichle, *streicheln*
schdrauchle, *straucheln*

- **Walterchen ist wieder gemein.**

„Du hast mit einem Stein nach mir geworfen."
„Wenn du nicht still bist, gibt es Schläge."

Schdreffser, *Strafzettel*
schdregge, *strecken, sich melden*
schdreng, *streng*
schdrimbfich, *auf Strümpfen*
Schdrizi, *Gauner*

Schdromer, *Herumtreiber*
Schdroof, *Strafe*
Schdrooß, *Straße*
Schdrooßebooh, *Straßenbahn*
Schdrooßegrawe, *Straßengraben*

- **Gertrud kontrolliert Lotte.**

„Du musst mit dem Schrubber saubermachen."
„Du bist jetzt aber streng."

Schdrumpf, *Strumpf*
schdruwwelich, *strubblig*
Schdubb, *Stube*
schdubbfe, *pieksen*
schdubbfe, *sticheln*

Schduhl, *Stuhl*
Schdumbe, *kleiner Mensch*
Schdumbe, *Zigarre, Baumstumpf*
Schdund, *Stunde*
Schdurm, *Sturm*

- **Heiner das Lästermaul.**

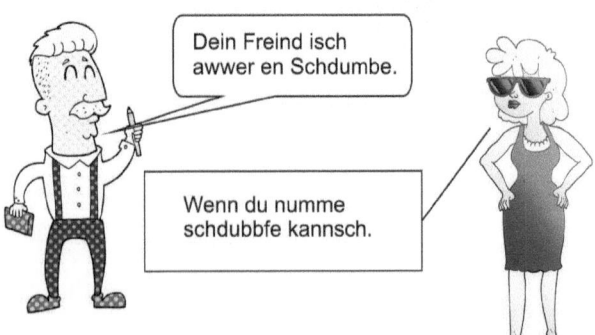

„Dein Freund ist aber klein."
„Wenn du nur sticheln kannst."

schebbere, *scheppern*
schebbs, *schräg*
scheddere, *laut schimpfen*
Schedelbrumme, *Kopfweh*
schee, *schön*

scheel, *schief*
Scheelkartoffl, *Pellkartoffel*
scheene, *schöne*
Schees, *Kinderwagen*
schei, *scheu*

- **Franz hat junge Kätzchen gesehen.**

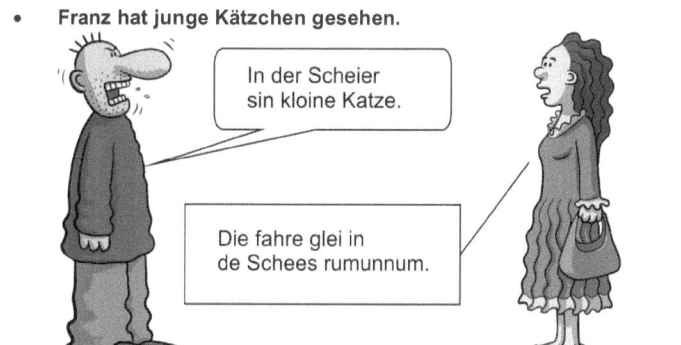

„In der Scheune sind kleine Katzen."
„Die fahre ich gleich im Kinderwagen herum."

Scheier, *Scheune*
scheinds, *scheinbar*
Scheiß, *Unsinn*
Scheißerle, *kleines Kind*
Scheißebebbele, *Unsinn*

Scheißlaade, *schlechter Service*
Scheißhaus, *Toilette*
Scheißheffele, *Nachttopf*
Schell, *Klingel*
Schererschleifer, *streunender Hund*

- **Traudel beobachtet einen fremden Hund.**

„Seit gestern läuft ein streunender Hund herum."
„Lass ihn, der geht von alleine wieder."

Schesslong, *Sofa*
schiddle, *schütteln*
Schienbaain, *Schienbein*
schier, *fast*
schiergar, *beinahe*

Schiessel, *altes Auto*
schiewe, *schieben*
schiffe, *pinkeln*
Schiffkeehne, *Schiffskähne*
Schiffsglogg, *Schiffsglocke*

- **Lottes Enkelkind war ungezogen.**

„Der kleine Teufel hat mich ans Schienbein getreten."
„Der Junge ist eben nicht gut erzogen."

schigge, *schicken*
schimpfe, *schelten*
Schislaweng, *mit Schwung*
Schiss, *Angst*
schlaaife, *schleifen*

Schlaaifspur, *Schleifspur*
Schlabbe, *Schuhe*
schlabbe, *schwatzen*
Schlabbedengler, *Spitzbube*
schlabbere, *schlürfen*

- **Traudel mokiert sich über schmutzige Unterwäsche.**

„Der hat jetzt noch auf dem Wäscheseil eine Schleifspur in der Unterhose."
„Da kannst du mal sehen, da hilft nicht einmal Waschpulver."

Schlabbergosch, *Quasselstrippe*
schlabbrich, *schlaff*
Schlachtbrieh, *Schlachtsuppe*
Schlachtschiff, *dicke Frau*
schlagd, *schlägt*

Schlaggl, *großer Mann*
Schlammscheißer, *Schimpfwort*
Schlangefraaß, *schlechtes Essen*
schlapp, *erschöpft*
Schlappedengler, *Filou*

Lotte war mit dem Restaurant nicht zufrieden.

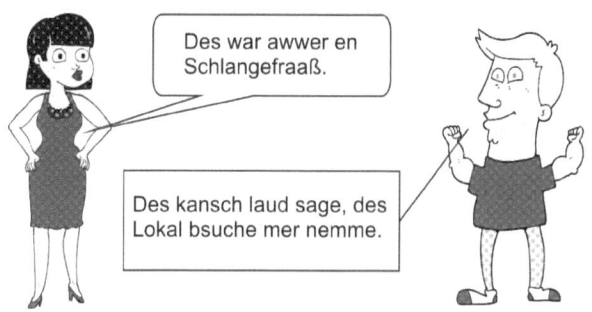

„Das war jetzt aber ein schlechtes Essen."
„Das kannst du laut sagen, das Lokal besuchen wir nicht mehr."

schlawendsle, *einschmeicheln*
Schlawiddich, *Kragen*
schlechd, *schlecht*
schleggich, *wählerisch beim Essen*
Schleggsl, *Konfitüre*

Schlendser, *Riss*
Schlengger, *Umweg*
Schlissl, *Schlüssel*
schloddse, *lutschen*
schloddsemer, *trinken wir (Wein)*

- **Franz ist mit Liesel unterwegs.**

„Willst du eine Kugel Eis lecken?"
„Zwei Kugeln und eine Waffel."

schloofe, *schlafen*
Schlubbf, *Schleife*
schludere, *schludern*
Schlugg, *Schluck*
Schlumbl, *schlampige Frau*

Schluri, *Spitzbube*
schlurich, *unordentlich*
Schmagges, *Kraft*
Schmaißmugg, *Schmeißfliege*
schmegge, *kosten*

- **Walterchen möchte im Bett bleiben.**

„Lass mich schlafen, ich bin müde."
„Steh auf, es ist schon zwölf Uhr."

schmegge, *riechen*
schmeiße, *werfen*
schmiere, *streichen*
schmiersch'm ooine, *gib ihm eine*
Schmugg, *Schmuck*

Schmuggkeschdle, *Schmuckkasten*
Schmuggschdender, *Schm.ständer*
Schmuh, *Mogelei*
Schnabbsdrossl, *Alkoholikerin*
schnaddere, *zittern*

- **Elsbeth beobachtet eine Trinkerin.**

„Das ist eine Alkoholikerin."
„Ich weiß auch nicht, was die dazu treibt."

Schnall, *leichtes Mädchen*
schnalle, *verstehen*
schnalze, *rauchen*
schnarche, *schnarchen*
Schnarchnase, *Schlafmütze*

Schnauber, *Ausguss (an d. Kanne)*
schnaufen, *atmen*
Schnaufer, *Atemzug*
Schnebberle, *Stuhlkante*
Schneebese, *Schneebesen*

- Gerdrud kann den Worten von Heiner nicht folgen.

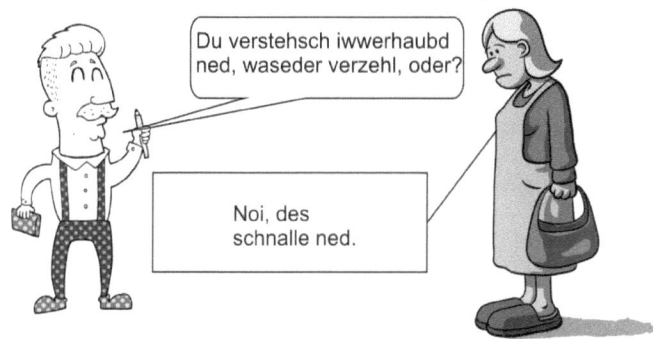

„Du verstehst überhaupt nicht, was ich dir erzähle, oder?"
„Nein, das verstehe ich nicht."

Schnegg, *Schnecke*
Schneggenudl, *Schneckennudel*
Schnellschweddser, *Schnellredner*
Schnepf, *Schimpfwort*
schnepsle, *gern Schnaps trinken*

Schnepsle, *Schnäpse*
schnibble, *schneiden*
Schniddsbrieh, *schlechter Kaffee*
Schniddsl, *Schnitzel*
schnippse, *schnippen*

- Nachmittagskaffee bei Traudel.

„Hol mir beim Bäcker eine Schneckennudel."
„Und dann trinken wir den schlechten Kaffee dazu."

Schnoog, *Schnake*
Schnooge, *Stechmücken*
Schnorres, *Schnurrbart*
Schnuffl, *Schweineschnauze*
Schnulle, *Schnuller*

schnurd zamme, *wird kleiner*
schnurre, *schnurren*
scho bassiert, *schon geschehen*
scho meeglich, *schon möglich*
scho widder, *schon wieder*

- **Kindliche Beobachtungen.**

„Meine Oma wird immer kleiner, das glaubst du gar nicht."
„Ich weiß, wenn man alt wird, geht man ein wie ein Kaktus."

scho, *schon*
Schobbe, *Glas Wein*
Schobbele, *Babyflasche*
schofel, *gemein*
Schoglahd, *Schokolade*

Scholli, *Ausruf*
schommol, *schon einmal*
schonn, *schon*
Schoof, *Schaf*
Schopf, *Schuppen*

- **Walterchen bettelt um Schokolade.**

„Gibst du mir ein Rippchen Schokolade?"
„Jetzt nicht mehr, wir essen gleich, wenn Papa kommt."

Schorle, *Wein mit Wasser verdünnt*
Schorz, *Schürze*
Schprendser, *Sprengaufsatz*
Schrabbnell, *Frau mit Mundwerk*
Schregg, *Schreck*

Schreggschraub, *Unansehnliche*
schreibsch, *schreibst*
schreie, *schreien*
Schreihals, *lauter Mensch*
Schritzdi, *Strolch*

- Franz kommt zu spät und erklärt sich.

„Die Frau mit dem losen Mundwerk hat mich wieder aufgehalten."
„Hättest du sie doch einfach stehen gelassen."

Schrubbfer, *Schrubber*
schrunnich, *aufgerissen (Haut)*
Schubbser, *Stoß*
Schubendl, *Schnürsenkel*
Schubkarch, *Schubkarre*

Schublad, *Schublade*
Schuddsblech, *Schutzblech*
Schüssel, *altes Auto*
schuffde, *hart arbeiten*
schugge, *stoßen*

- Gerdruds Hände sehen mitgenommen aus.

„Als Bauersfrau hast du eben Hände mit aufgerissener Haut."
„Darauf kannst du dann deine Gurken raspeln."

schuggle, *schaukeln*
Schuh (d'), *Schuhe*
Schuhwichs, *Schuhcreme*
Schul, *Schule*
Schulebuh, *Schulkind*

schuppse, *stoßen*
Schwaaiß, *Schweiß*
Schwaaißquande, *Schweißfüße*
schwabblich, *schwabbelig*
schwadroniere, *umhergehen*

- **Opa ist stolz auf Walterchens Einschulung.**

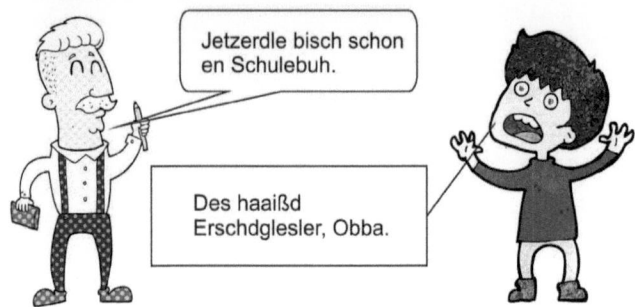

„Jetzt bist du ein Schulkind."
„Das heißt Erstklässler, Opa."

schwedds, *rede*
schweddse, *reden*
Schweschder, *Schwester*
Schwiddsch du, *Schwitzt du?*
schwiddse, *schwitzen*

schwiddsich, *verschwitzt*
schwofe, *tanzen*
Schwulidede, *Schwierigkeiten*
sechse, *sechs*
Sechser, *Sechs (Schulnote)*

- **Ludwig hat ein rotes Gesicht.**

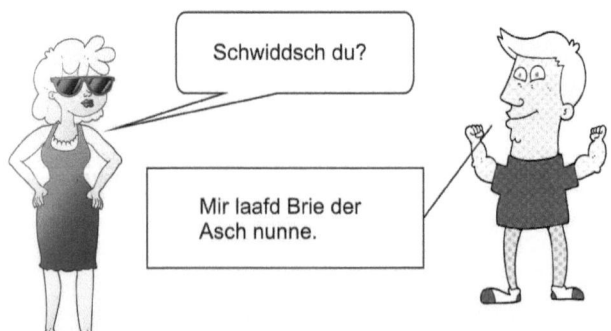

„Schwitzt du?"
„Mir läuft das Wasser den Hintern hinunter."

seddsd's, *es setzt was*
seddse, *setzen*
seesch, *siehst*
Seggl, *Blödmann*
sei, *sein*

seider, *seit er*
Seiger, *Sieb*
seje, *sehen*
sell, *jenes*
selle, *jene*

- Oma erzählt von der Nachkriegszeit.

„Damals hatten wir nichts zu essen."
„Das war schlimm für euch."

sellemol, *damals*
seller, *derjenige*
selles, *dasjenige*
selwer, *selbst*
Sembf, *Senf*

Senges, *Hiebe*
Senggl, *Lot*
Serwjedd, *Serviette*
Sesselfurdser, *Beamter*
s'fludschd, *es läuft*

- Ludwig wundert sich, weil der Tisch gedeckt ist.

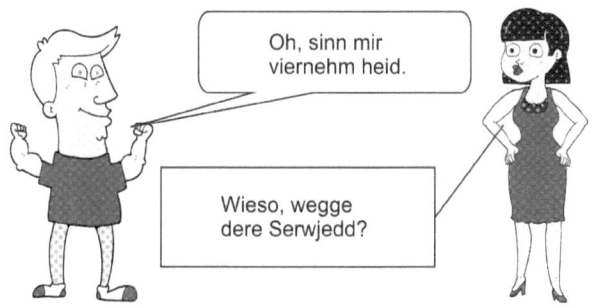

„Oh, sind wir heute vornehm."
„Wieso, wegen der Serviette?"

Sichl, *Sichel*
Sibbschafd, *Sippschaft*
sichbar, *sichtbar*
Sichd, *Sicht*
Siddsbladds, *Sitzplatz*

siddsd, *sitzt*
siddse, *sitzen*
siehd, *sieht*
sieß, *süß*
Sießholzraschbler, *Schmeichler*

- **Franz als galanter Mann.**

„Küss die Hand, schöne Frau."
„Du bist ein Schmeichler".

siffle, *trinken*
Silwerzwiwwelle, *Silberzwiebel*
Simbl, *einfältiger Mensch*
siniere, *nachdenken*
sinn, *sind*

s'isch, *es ist*
siwwe, *sieben*
siwwene (halwer), *(halb) sieben Uhr*
sodde, *sollten*
soddemer, *sollten wir*

- **Walterchen bekommt Anweisung, ehe er geht.**

„Um halb sieben bist du zu Hause."
„Das glaubst du, aber ich nicht. Um acht!"

soddmer, *sollte man*
sodele, *das wär's*
Sofa, *Couch*
Sogge, *Socken*
solle, *sollen*

somme, *solch einem*
Sonndaag, *Sonntag*
Sonndaagskigger, *Amateurfußballer*
Sonnegrehm, *Sonnencreme*
Sonnewerbele, *Feldsalat*

- Erich hat rechtliche Fragen.

„In so einem Fall weiß ich nicht, was ich machen soll."
„Am besten fragst du einen Anwalt."

sonsch, *sonst*
Speicher, *Dachboden*
spinnefeind, *verfeindet*
Spinnehuddel, *Spinnwebe*
Spordveroi, *Sportverein*

spridse, *spritzen*
Sproch, *Sprache*
Sprudel, *Limonade*
Staffel, *Treppe*
sternhagelblau, *sturzbetrunken*

- Franz kontrolliert, ob richtig geputzt wurde.

„Da oben ist noch eine Spinnwebe."
„Nimm den Besen und mach sie weg."

Stobfaai, *Stopfei*
Stobfnodel, *Stopfnadel*
Schdrooßebese, *Straßenbesen*
Schdrooßegrawe, *Straßengraben*
Subb, *Suppe*

Subbegrien, *Suppengrün*
Subbermargd, *Supermarkt*
Subbeschebfer, *Suppenkelle*
Subbewierfel, *Suppenwürfel*
Sudde, *Jauche*

- **Erich riecht Gülle hinter dem Haus.**

„Der hat auf dem Acker Jauche verspritzt."
„Das stinkt jetzt zehn Kilometer gegen den Wind."

suddle, *schmieren*
Suddlwedder, *Regenwetter*
suggle, *saugen*
sunschd, *sonst*
Tabledd, *Tablett*

Tabledde, *Tabletten*
Tass, *Tasse*
Teader, *Theater*
Temberaduhr, *Temperatur*
Teschd, *Test*

- **Heiner nimmt an einer Studie teil.**

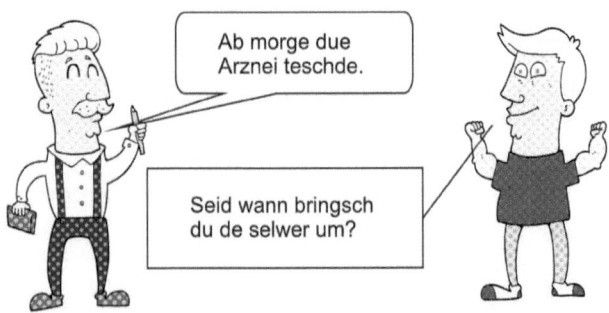

„Ab morgen teste ich Medikamente."
„Seit wann bringst du dich selbst um?"

Tord, *Torte*
Tranfunzel, *langsame Person*
Tunnl, *Tunnel*
Turnschlabbe, *Turnschuhe*
uff, *auf*

uffamsle, *sehr erschrecken*
uffbasse, *aufpassen*
Uffbebber, *Aufkleber*
uffbinne, *aufbinden*
uffbrobiere, *aufprobieren*

- **Walterchen sammelt Aufkleber für die Wand.**

„Schau, ein neuer Aufkleber für meine Wand."
„Ach, hör doch auf, alles zuzukleben."

uffbudse, *aufputzen*
uffdobse, *aufspringen*
Uffdrag, *Auftrag*
uffdubbfe, *auftupfen*
uffemol, *auf einmal*

uffenaner, *aufeinander*
Uffgabe, *Aufgaben*
uffgange, *aufgegangen*
uffgedaggld, *aufgetakelt*
uffgedrehd, *aufgedreht*

- **Lästerreien über die Nachbarin.**

„Die Nachbarin ist aber heute aufgetakelt."
„Die sieht aus wie ein Papagei."

uffgedrengd, *aufgedrängt*
uffgehe, *aufgehen*
uffgrabld, *aufgerappelt*
uffgsammeld, *aufgesammelt*
uffgweggd, *aufgeweckt*

uffhawwe, *aufhaben*
uffhebe, *aufheben*
uffhenge, *aufhängen*
uffhere, *aufhören*
Ufflaauf, *Menschenmenge*

- **Heiner beobachtet eine Rudelbildung auf der Straße.**

„Was ist denn das für eine Menschenmenge?"
„Die denken, es gibt etwas umsonst."

uffmugge, *protestieren*
uffrabble, *aufrappeln*
uffraffe, *aufraffen*
uffrechd, *aufrecht*
uffreiße, *aufreißen*

uffschdegge, *aufstecken*
uffschnabbe, *aufschnappen*
Uffschnidd, *Aufschnitt*
uffschweddse, *aufschwatzen*
uffziege, *aufziehen*

- **Beratungsgesspräche im Supermarkt.**

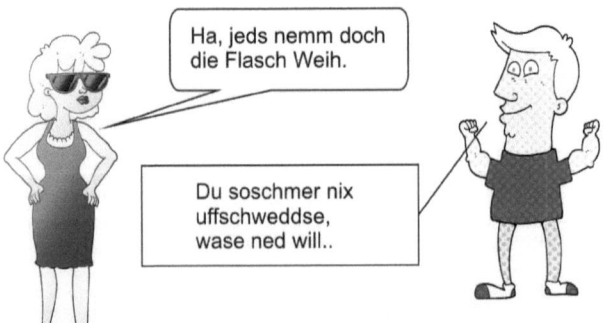

„Jetzt nimm doch die Flasche Wein."
„Du sollst mir nichts aufschwatzen, das ich nicht will."

Uffzug, *Aufzug*
uffzus, *aufwärts*
Ugeziffer, *Ungeziefer*
ugligglich, *unglücklich*
Uhkraud, *Unkraut*

ulengschd, *neulich*
umdausche, *umtauschen*
umeeglich, *unmöglich*
umfliege, *umfallen*
umgfloge, *umgefallen*

- **Große Eheprobleme.**

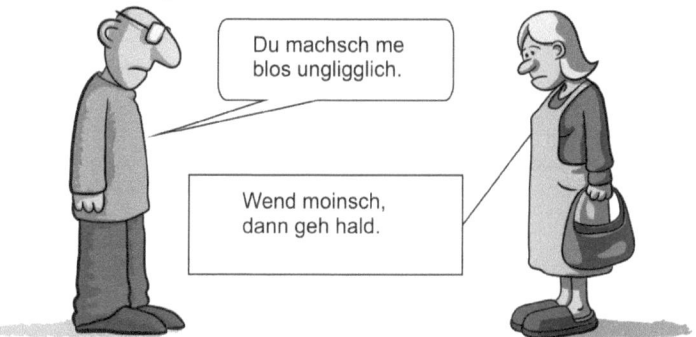

„Du machst mich nur unglücklich."
„Wenn du meinst, dann geh eben."

ummache, *Pleite gehen*
umme, *umher*
ummenannerrenne, *herumrennen*
umorgle, *umräumen*
umschdeige, *umsteigen*

Umschdend (annere), *schwanger*
umschoore, *umstechen (Spaten)*
umsonsch, *umsonst*
unenndschiede, *unentschieden*
ungfähr, *ungefähr*

- **Fußballfans unter sich.**

„Das Spiel ist unentschieden ausgegangen."
„Ich weiß auch nicht, wann der Karlsruher SC mal wieder gewinnt."

Unggl, *Onkel*
Ungligg, *Unglück*
unn, *und*
unne, *unten*
unnedich, *unnötig*

unnedrinn, *unten im Haus*
Unnerhaldung, *Unterhaltung*
Unnerhemm, *Unterhemd*
Unnerhose, *Unterhose*
Unnerkunfd, *Unterkunft*

- **So denkt Ludwig über den schusseligen Onkel Otto.**

„Der Onkel Otto hatte ein Unglück."
„Was war denn? Ist er gegen den Zaun gelaufen?"

Unnerrogg, *Unterrock*
unners, *unter das*
Unnerschrifd, *Unterschrift*
unnerwegs, *unterwegs*
Unnerwesch, *Unterwäsche*

unruich, *unruhig*
uschuldich, *unschuldig*
Vadder, *Vater*
Veraaschdaldung, *Veranstaltung*
verbabble, *Zeit vergessen b. Reden*

- **Traudel hat von einem Konzert gehört.**

„In der Turnhalle ist eine Veranstaltung mit einem Sänger."
„Das wird einer vom Gesangverein sein, der da singt."

verbaddsche, *verhauen*
verbassd, *verpasst*
verbasse, *verpassen*
verblembere, *vergeuden*
verbode, *verboten*

verbrenne, *verbrennen*
verbroche, *auseinandergebrochen*
verbruddzle, *anbrennen*
verbuddse (ned), *(nicht) leiden*
verbuddse, *aufessen*

- **Lotte meckert über ihren Hilfskoch.**

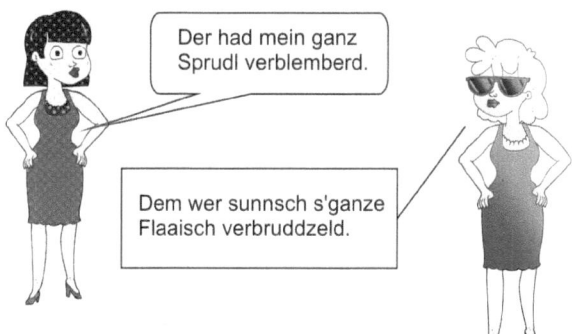

„Der hat mein ganzes Wasser vergeudet."
„Ihm wäre sonst das ganze Fleisch angebrannt."

verdadderd, *verstört*
verdedschd, *zusammengedrückt*
verdoobsch, *machst schmutzig*
verdoobse, *Fingerabdrücke machen*
verdraage, *ertragen*

verdrambld, *zertrampelt*
verdramble, *zertrampeln*
verdreggd, *verschmutzt*
verdreiwe, *vertreiben*
verdrield, *bekleckert*

- **Liesel ist über Blumenbeet gesprungen.**

„Oje, jetzt hast du mein Blumenbeet zertrampelt."
„Das habe ich nicht mit Absicht gemacht."

verdrigge, *aufessen*
verdrigge, *verschwinden*
verdroddld, *vertrottelt*
verdummbeidle, *verderben*
vereblle, *anlügen*

verfresse, *verfressen*
vergenne, *gönnen*
vergennsch, *neidest*
verglebbere, *verrühren*
vergliggere, *erzählen*

- **Franz plaudert über seinen Chef.**

„Der schaut schon so langsam."
„Den konnte ich noch nie leiden."

vergnalld, *verliebt*
vergnuhse, *ausstehen*
vergrache, *zerstreiten*
vergrode, *misslungen*
vergrumble, *zerknittern*

vergugge, *verlieben*
verhebe, *verheben*
verhebe, *zurückhalten*
verheddere, *verwirren*
verheierd, *verheiratet*

- **Walterchen kneift die Beine zusammen.**

„Ich muss, ich kann es nicht mehr zurückhalten."
„Warum musst du denn schon wieder pinkeln?"

Verheierde, *Eintopf mit Spätzle*
verhuddle, *verwirren*
verhundse, *zunichte machen*
verkassemaduggle, *erklären*
verkeld, *erkältet*

verkimmle, *verschachern*
verkomme, *heruntergekommen*
verladschd, *ausgetreten*
verlebbere, *verschütten*
verlodderd, *schlampig*

- **Liesel hat Schluckbeschwerden.**

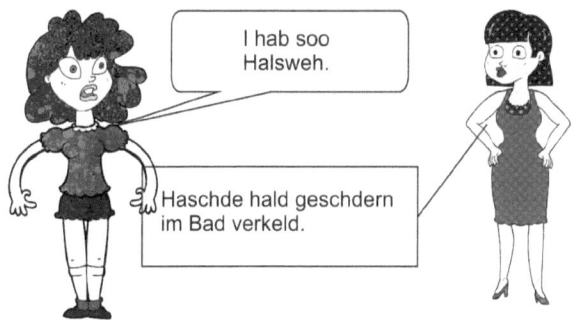

„Ich habe solche Halsschmerzen."
„Du hast dich eben gestern im Bad erkältet."

verloddld, *schlampig*
vermeble, *verhauen*
vermurgse, *verderben*
verraddsd, *müde*
verregge, *sterben*

verreiße, *zerreißen*
versaubaidle, *verpfuschen*
versaufe, *ertrinken*
versaufe, *Hab und Gut vertrinken*
verschaffd, *verarbeitet*

- **Franz und Erich schrauben einen Schrank zusammen.**

„Die ganzen Löcher im Schrank hast du verpfuscht."
„Aber die Schrauben kann man doch nicht anders hineinmachen."

verschaffe, *verarbeiten*
verschaffemer, *wir verarbeiten*
verschdanne, *verstanden*
verschdauchd, *verstaucht*
verschdendnislos, *verständnislos*

verschdigge, *ersticken*
verschdobbfe, *verstopfen*
verschdrubble, *zerzausen*
verscheiße, *vollkacken*
verscherble, *verkaufen*

- **Oma Gerdrud hat schon wieder Probleme mit dem Abfluss.**

„Der Abfluss ist schon wieder verstopft."
„Du wirfst eben das ganze Mittagessen hinunter."

verschisse, *verscherzt*
verschlage, *verhauen*
verschluggd, *verschluckt*
verschnaufe, *Luft holen*
verschnipfle, *zerschneiden*

verschregge, *erschrecken*
verschrumbld, *runzelig*
verschwiddsd, *verschwitzt*
verseggle, *täuschen*
versoffe, *ertrunken*

- **Liesel möchte mit Walterchen spielen.**

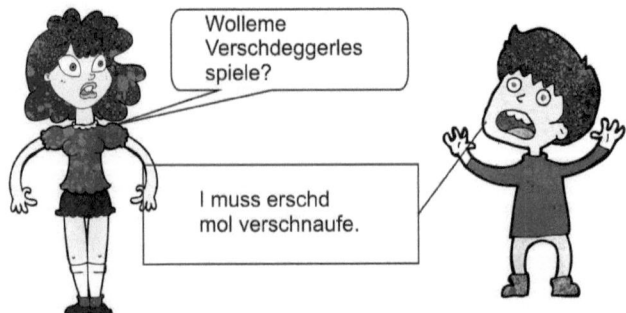

„Wollen wir Verstecken spielen?"
„Ich muss erst einmal Luft holen."

versohle, *verhauen*
Verschdeggerles, *Verstecken*
verwammse, *verprügeln*
verwarde, *erwarten*
verwesche, *verschlagen*

verwiggse, *verschlagen*
verwische, *erwischen*
verwitschd, *erwischt*
verwurschdle, *verwursteln*
verzapfe, *verzapfen*

- Ludwig erzählt ganz aufgeregt.

„Den habe ich beim Birnenklauen erwischt."
„Wirklich? Dann wird er von mir verschlagen."

verzeehle, *erzählen*
verziege, *verziehen*
verzwaddsle, *verzweifeln*
Veschber, *Vesper*
veschbere, *vespern*

Viech, *Tier*
Vierdele, *Viertel Wein*
viere, *vier*
viereggich, *Viereck*
Vierer, *Vier (Schulnote)*

- Gertrud erinnert an die pünktliche Mahlzeit.

„Wir vespern immer um sechs."
„Ja, immer wenn das Vieh gefüttert ist."

Visaasch, *Visage*
vo meim, *von meinem*
vollschder, *vollends*
vonenanner, *voneinander*
Vorheng, *Vorhänge*

vorne, *vorn*
vornenaus, *nach vorn*
vornerei, *vornherein*
Vorschbais, *Vorspeise*
Vorschdellung, *Vorstellung*

- **Franz und Heiner im netten Gespräch.**

„Grimassen zu machen habe ich von meinem Vater gelernt."
„Ach so, der hat die gleiche Visage wie du."

waaich, *weich*
waaisch, *weißt du*
waaiß, *weiß*
Wadde, *Watte*
Waddeschdeble, *Wattestäbchen*

Waddsch, *Ohrfeige*
Waffl, *Kopf*
waggle, *wackeln*
wahrscheins, *wahrscheinlich*
waisch, *weißt du*

- **Traudel berichtet von Liesels Missgeschick.**

„Wahrscheinlich hat sie sich im Ohr verletzt."
„Mit dem Wattestäbchen?"

Warde (des), *das Warten*
warde, *warten*
Wardezimmer, *Wartezimmer*
warer, *war er*
warsch, *warst du*

Waschlabbe, *Waschlappen*
Waschn los? *Was ist denn los?*
was'd, *was du*
wasmer, *was wir*
Wasserschissl, *Wasserschüssel*

- Walterchen hat im Schlamm gespielt.

„Wasch dein Gesicht mit dem Waschlappen ab."
„Ist es dreckig?"

wedder, *gegen*
Wedderberichd, *Wetterbericht*
weddse, *wetzen*
Wegg, *Brötchen*
wegger demm, *deswegen*

Wegger, *Wecker*
wegger, *wegen*
Weggmehl, *Paniermehl*
weggsle, *wechseln*
wegschmeiße, *wegwerfen*

-

„Hast du den Wetterbericht gehört?"
„Ja, das regnet morgen den ganzen Tag."

wehle, *wählen*
Weibsleid, *Frauen*
weid, *weit*
weider, *weiter*
Weihfass, *Weinfass*

Weihfeschd, *Weinfest*
Weihglas, *Weinglas*
weile, *weil ich*
weiler, *weil er*
Weld, *Welt*

- **Heiner bei der Vereinsarbeit.**

„Die Frauen sollen ein paar Kuchen backen."
„Die nehmen wir mit auf das Weinfest."

Welder, *Wälder*
welle, *welche*
welled'se, *wollen Sie*
weller, *welcher*
Wellholz, *Teigroller*

Welschkorn, *Mais*
wemmer, *wenn man*
wen'd, *wenn du*
Wengerd, *Weinberg*
wenich, *wenig*

- **Erich muss seine Reben bearbeiten.**

„Ich muss noch die Stöcke im Weinberg anbinden."
„Soll ich dir helfen?"

Windl, *Windel*
Wirdschafd, *Gasthaus*
Wirschdle, *Würstchen*
wissawie, *gegenüber*
wisse, *wissen*

Woch, *Woche*
woe, *wo ich*
wohie, *wohin*
wohr, *wahr*
Woll, *Wolle*

- **Elsbeth möchte gerne essen gehen.**

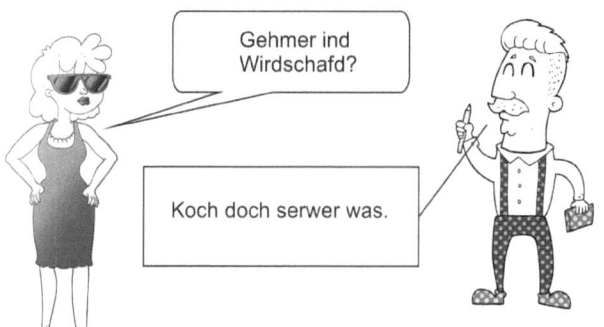

„Gehen wir ins Gasthaus?"
„Koche doch selbst etwas."

wonaa, *wohin*
worgse, *hervorwürgen*
worre, *geworden*
worschd, *egal*
Worschd, *Wurst*

Worschdsubb, *Wurstsuppe*
Wunner, *Wunder*
wunnerfiddzich, *neugierig*
wussle, *eilen*
wusslig, *lebhaft*

- **Nachbar Fritz hatte eine Hausschlachtung.**

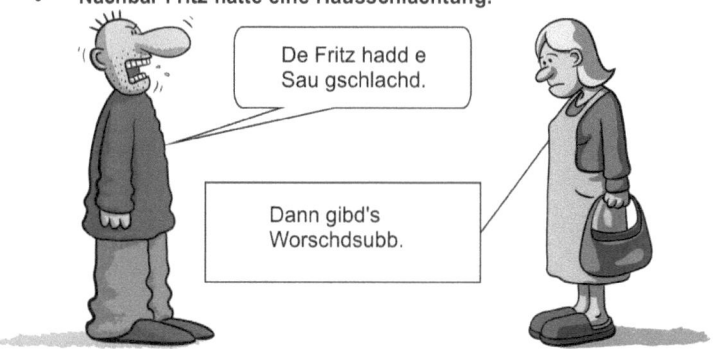

„Der Fritz hat ein Schwein geschlachtet."
„Dann gibt es Wurstsuppe."

Wutz, *Sau*
Wuuschd, *Wust*
Xox, *Gesindel*
z, *zu*
z'weg, *zuwege*

zaaige, *zeigen*
zabbeduschder, *finster, Ende, aus*
Zabblfilip, *Zappelphilipp*
zabbzerabb, *gestohlen*
zaggere, *pflügen*

- **Erich wurde gekündigt.**

„Wieso bist du denn so garstig zu mir?"
„In der Firma ist Ende und Aus."

zaggich, *rasant*
zahle, *zahlen*
Zahlungsfrischd, *Zahlungsfrist*
Zahnarzd, *Zahnarzt*
Zahnbaschda, *Zahncreme*

Zahnbirschd, *Zahnbürste*
Zahnschdocher, *Zahnstocher*
Zaichner, *Zeichner*
zamme, *zusammen*
zammedaddsche, *zusammenfallen*

- **Ludwig hat einen neuen Nachbarn.**

„Wir haben gegenüber einen Zahnarzt."
„Das ist gut zu wissen."

zammeglamiesere, *zus.setzen*
zammeglaube, *einsammeln*
zammegrumble, *zerknüllen*
zammehaiße, *beschimpfen*
zammehole, *zusammenholen*

zammerechle, *zusammenrechen*
zammeschdauche, *verbal zus.falten*
zammeschdubbfle, *mühselig finden*
zammeschniere, *zusammenbinden*
zammeschuschdere, *zus.setzen*

- Erich will für den Winter vorsorgen.

„Wo können wir das Holz einsammeln?"
„Na, im Wald."

zammezugge, *zusammenzucken*
zammschnurre, *schrumpfen*
Zapfeschdraaich, *Zapfenstreich*
Zapfhahne, *Zapfhahn*
Zaschder, *Geld*

Zecke, *aufdringlicher Mensch*
zehne, *zehn*
Zeid, *Zeit*
Zeidschrifd, *Zeitschrift*
Zeiduhr, *Zeituhr*

- Ein Geschäft hat für immer geschlossen.

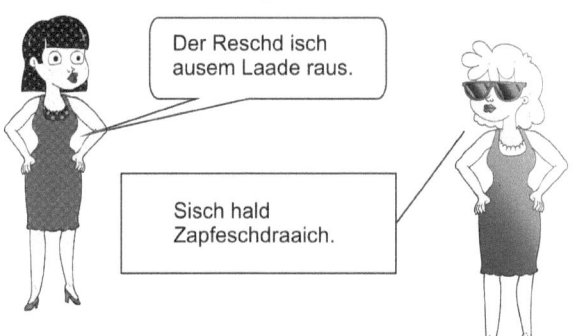

„Der Rest ist aus dem Laden raus."
„Es ist eben Zapfenstreich."

Zeig, *Zeug*
Zeignis, *Zeugnis*
Zeidfenschder, *Zeitfenster*
Zeldblads, *Zeltplatz*
zelde, *zelten*

Zendimeder, *Zentimeter*
zengle, *brennen (Brennnessel)*
Zengnessl, *Brennnessel*
zerdebbere, *zerbrechen*
zerfe, *streiten*

- **Ludwig erzählt von einem Mann und seinem Wutausbruch.**

„Er hat sie wüst beschimpft."
„Und das nur wegen des Zeltplatzes."

zerfedse, *zerfetzen*
zerflaaische, *zerfleischen*
zerflederre, *zerfledern*
zermierbe, *zermürben*
zerschdambfe, *zerstampfen*

z'erschder, *zuerst*
zerschdere, *zerstören*
Zerveladworschd, *Zervelatwurst*
z'friede, *zufrieden*
Zidad, *Zitat*

- **Noch nicht einmal eine gute Wurst kann sie überzeugen.**

„Die Zervelatwurst ist gut."
„Und trotzdem gehe ich nicht mit."

Zidron, *Zitrone*
zidiere, *zitieren*
zieh dei Kapp uff, *setze d. Mütze auf*
ziemmlich, *ziemlich*
Zigaredd, *Zigarette*

Zigareddebabier, *Zigarettenpapier*
Zigarr, *Zigarre*
zindle, *zündeln*
Zingge, *Nase*
Zirgus, *Zirkus*

- Liese warnt ihren Freund.

„Wir dürfen nicht zündeln."
„Ja, und? Das machen wir ja auch nicht."

zische (e Bier), *ein Bier trinken*
zischle, *zischen*
z'laid, *zuleide*
z'leddschd, *zuletzt*
z'mache, *zu machen*

Zmiddag, *Mittagessen*
z'neggschd, *zunächst*
zobbld, *gezupft*
zobble, *zupfen*
Zobf, *Zopf*

- Franz will den Dienschluss geniesen.

„Wollen wir ein Bier trinken?"
„Warum nicht, es ist ja Feierabend."

zoddle, *langsam gehen*
Zoh, *Zahn*
Zorniggl, *Streithahn*
zrigg, *zurück*
zammebebbe, *zusammenkleben*

zammestelle, *zusammenstellen*
zammezehle, *addieren*
z'schaffe, *zu arbeiten*
z'schbeht, *zu spät*
z'schperre, *zu sperren*

- **Lotte hat ihr Buch fast vollendet.**

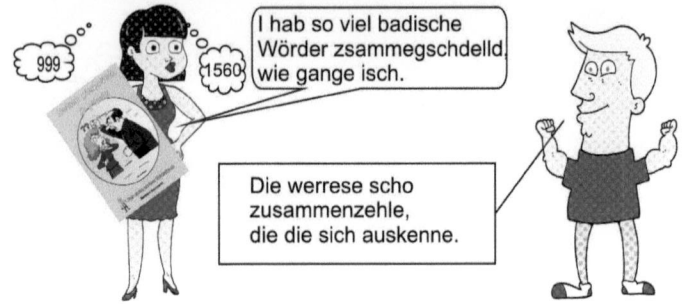

„Ich habe so viele badische Wörter zusammengestellt, wie ich konnte."
„Die, die sich auskennen, werden sie schon zusammenzählen."

zubaddsche, *zuschlagen*
zudrigge, *zudrücken*
zuenanner, *zueinander*
zuenes, *geschlossenes*
zuene Dier, *geschlossene Tür*

Zugger, *Regung, Zucken*
Zugger, *Zucker*
Zuggerbrod, *Zuckerbrot*
zuggle, *langsam fahren*
zuggsch, *zuckst du*

- **Ihr fällt jetzt absolut nichts mehr ein.**

„So langsam ist es für weitere Buchstaben zu spät."
„Ja, wir müssen gleich das Buch zuschlagen."

zugheerig, *zugehörig*
zugschlosse, *zugeschlossen*
zulange, *zugreifen*
zumache, *zumachen*
zumme, *zu einem*

zunemme, *zunehmen*
zuschuschdere, *zuschustern*
Zuwwer, *Zuber*
zwaai, *zwei*
zwaaide, *zweite*

- Sie verabschiedet sich zusammen mit ihren Helfern.

„Zwei Dinge habe ich aber noch: Ich hoffe, ihr hattet Spaß.
Und weiter hinten stehen noch ein paar Sprüche zum Abschied."

Zwaier, *Zwei (Schulnote)*
Zweder, *Pullover*
zwigge, *kneifen*
zwinge, *zwingen*
zwische, *zwischen*

zwischedrede, *dazwischentreten*
Zwiwwl, *Zwiebel*
Zwiwwlkuche, *Zwiebelkuchen*
Zwoggl, *geistig Behinderter*
Zwuggl, *kleiner Mensch*

- Und an der Stelle auch von ihren Lesern.

„Ich würde gerne mit euch noch einen Zwiebelkuchen essen.
Aber ich muss mich zwingen zu gehen. Macht's gut miteinander."

Redewendungen und Sprüche

Angschd hawwe koine, awwer renne kanne.
Angst habe ich keine, aber rennen kann ich.

Dann kannsch d'Radiesle von unne aagugge.
Dann kannst du dir die Radieschen von unten ansehen.

Der schweddsd grad in oi Loch nei.
Der redet in einem Stück ohne Pause.

Des glabsch awwer, dem mache jeds d'Rieb runne.
Das kannst du glauben, der kann jetzt was erleben.

Des kannsch halde wie seller uff'm Dach.
Das kannst du tun und lassen, wie du willst.

Eh mer sich rumguggd, isch alles vorbei.
Ehe man sich versieht, ist alles vorbei.

Kimmer de um dein aaigener Sembf.
Kümmere dich um deine eigenen Angelegenheiten.

I seddsde glei de Kopf zwische d'Ohre.
Gleich kannst du was erleben.

Mach blos kaain Saich.
Mache nur keinen Blödsinn.

So ebbes des bringd me uff'd Palm.
So etwas regt mich auf.

Und dauernd gehd's riwwer un niwwer.
Und dauernd geht es hin und her.

Ach du griene Neine.
Ach du meine Güte.

A komm, geh fort.
Was du da gerade erzählst, kann ich kaum glauben.

Dem isch der Kamm gschwolle.
Der gibt ganz schön an.

Der isch zu schnell gloffe, jeds hengdem d'Kuddl raus.
Der ist zu schnell gelaufen, jetzt hängt ihm die Lunge heraus.

Des isch geschenggd, do kannsch uffhere.
Das bringt gar nichts, hör auf.

Die sin do awwer schief gwiggld.
Die sind aber auf dem falschen Weg.

Du kannsch me mol am Hahne riche.
Du kannst mich mal kreuzweise.

Du kummsch mer grad rechd.
Du kommst mir gerade recht.

Du siehsch aus wie's Ketzle am Bauch.
Du siehst krank aus.

Emme gschenggde Gaul guggd me ned ins Maul.
Einem geschenkten Gaul schaut man nicht ins Maul.

Ha die, die kanne ned leide, die hawwe uf der Ladd.
Die kann ich nicht leiden, die habe ich auf meinem Zettel.

I horch jeds an der Madradds.
Ich gehe jetzt schlafen.

Derre hawes awwer gewwe.
Der habe ich aber jetzt die Meinung gesagt.

Der schmeißd midde Fieß um, was er midde Hend uffgebaud had.
Der wirft mit den Füßen um, was er mit den Händen aufgebaut hat.

Der stehd unner derre Fuchdl.
Der steht unter ihrem Pantoffel.

Des isch so unnedich wie en Gropf.
Das ist so unnötig wie ein Kropf.

Des kansch de Hase gewwe.
Das kannst du völlig vergessen.

Du kommsch mer grad gschliche.
Du kommst gerade zum richtigen Zeitpunkt.

I hab grad e Grodd verschluggd.
Ich habe Halsschmerzen.

So en falsche Fuffziger.
Der ist ja so hinterhältig.

Hasch scho widder oiner fahre lasse?
Hast du schon wieder gepupst?

Ich hab blos en feichde Badsch griegd unn sunschd nix.
Ich habe nur einen feuchten Händedruck bekommen, sonst nichts.

Kumme heid ned, kumme morge.
Wenn ich heute nicht komme, dann komme ich morgen.

Mehr von Barbara Herrmann

**Planstraße 146 –
Die Straße meines Lebens**

Barbara Herrmann

Autobiografischer Roman

Die Autorin ist auf der Suche nach sich selbst und will deshalb alles über das Schicksal ihrer Familie, die aus dem Kraichgau in Baden stammt, erfahren. Im Vordergrund stehen ihre Mutter Emma sowie ihre Großmütter Friedericke und Elisabeth. Warum haben Friedericke und Emma zu ihren dominanten Männern aufgeblickt, diese mit Gehorsam bedient und bis zu ihrem Lebensende ertragen? Wie war das damals auf dem Land, als man der jungen Friedericke ein uneheliches Kind weggenommen und sie mit dem Bauernsohn Jakob verheiratet hat? Warum hat sie ihr schweres und tristes Leben mit zwei Ehemännern und elf Kindern hingenommen und nie rebelliert? Ein zugleich einfühlsamer und spannender Roman, der die Lebenswege dreier Generationen im Rahmen der Geschichte eines ganzen Jahrhunderts nachzeichnet.

Print: ISBN 978-3- 740729318
E-Book: ISBN 978-3-740700287

Oma dreht durch

Barbara Herrmann

Oma Gerda hat die Nase voll. Sie hat ihren starrköpfigen, dominanten Ehemann überlebt und ist sich sicher, dass es jetzt nur noch besser werden kann. Doch anstatt endlich das Leben neu zu beginnen, wird sie von ihrer Tochter und deren Kindern eingespannt.

Als sie eines Tages das Zimmer ihrer Enkelin aufräumt, stolpert sie über deren E-Gitarre. Wie unter Zwang legt sie los und lässt die Rock 'n' Roll-Zeit ihrer Jugend wiederauferstehen.

Der kurze Ausflug in die Vergangenheit legt in Gerda einen Schalter um. Sie erinnert sich an das alte Motorrad ihres Mannes, das immer noch im Schuppen steht, packt einen Koffer und ihre winzige Rente und verlässt das Haus. Eine abenteuerliche Reise beginnt, in deren Verlauf Gerda sogar eine Musikerkarriere startet …

Ein turbulenter und kecker Roman über das Leben der alten Junggebliebenen – erzählt mit einem Augenzwinkern und einer großen Portion Humor.

Print: ISBN 978-3-740705633
E-Book: ISBN 978-3-740792350

Der Schatten im Mond

Barbara Herrmann

Nach dem Tod ihrer Mutter findet Jolanda in deren Nachlass eine Schatulle mit Briefen und Fotos. Ihre vermeintlich heile Welt stürzt ein, als sie erfährt, dass ihre verstorbenen Eltern gar nicht ihre leiblichen Eltern waren. Sie begibt sie sich auf die Reise in den Schwarzwald und nach Sizilien, um die Familiengeheimnisse ihrer Stiefmutter zu lüften und ihre richtigen Eltern zu finden. Bei ihrer Suche tun sich ungeahnte menschliche Abgründe auf, die sich noch über Jahrzehnte bis in die Gegenwart auswirken.

Ein bewegender Roman über eine Familie, die den strengen und althergebrachten Werten sowie den Vorurteilen gegenüber den italienischen Gastarbeitern zu Beginn der Sechzigerjahre Tribut zollen muss, auf diese Weise ihren inneren Zusammenhalt verliert und letztendlich daran zerbricht.

ISBN – Print 978-3-740712594
ISBN E-Book 978-3-740736705

Jesus reicht's

Barbara Herrmann

Schon seit zweitausend Jahren sieht Jesus dem Treiben der Menschen auf der Erde zu. Doch langsam reißt ihm der Geduldsfaden. Mit großem Aufwand hatte er damals seinen Jüngern gelehrt, was sie predigen und verkünden sollen, aber das Personal wird immer schlechter, und mittlerweile laufen ihm die Schäfchen in Scharen davon.

So entschließt er sich, fünf erfahrende Jünger auf die Erde zu schicken, um dem Treiben Einhalt zu gebieten. Doch Markus, Matthäus, Lukas, Paulus und Judas rauschen von einem Abenteuer ins nächste, denn sie haben durch ihre Arbeit im Himmel keinen blassen Schimmer von der Welt von heute. Jesus' Sekretärin Tabea kommt schließlich die rettende Idee ...

Print – ISBN 978-3-740729424
E-Book – ISBN 978-3-740700263